目次

大林宣彦——戦争などいらない-未来を紡ぐ映画を

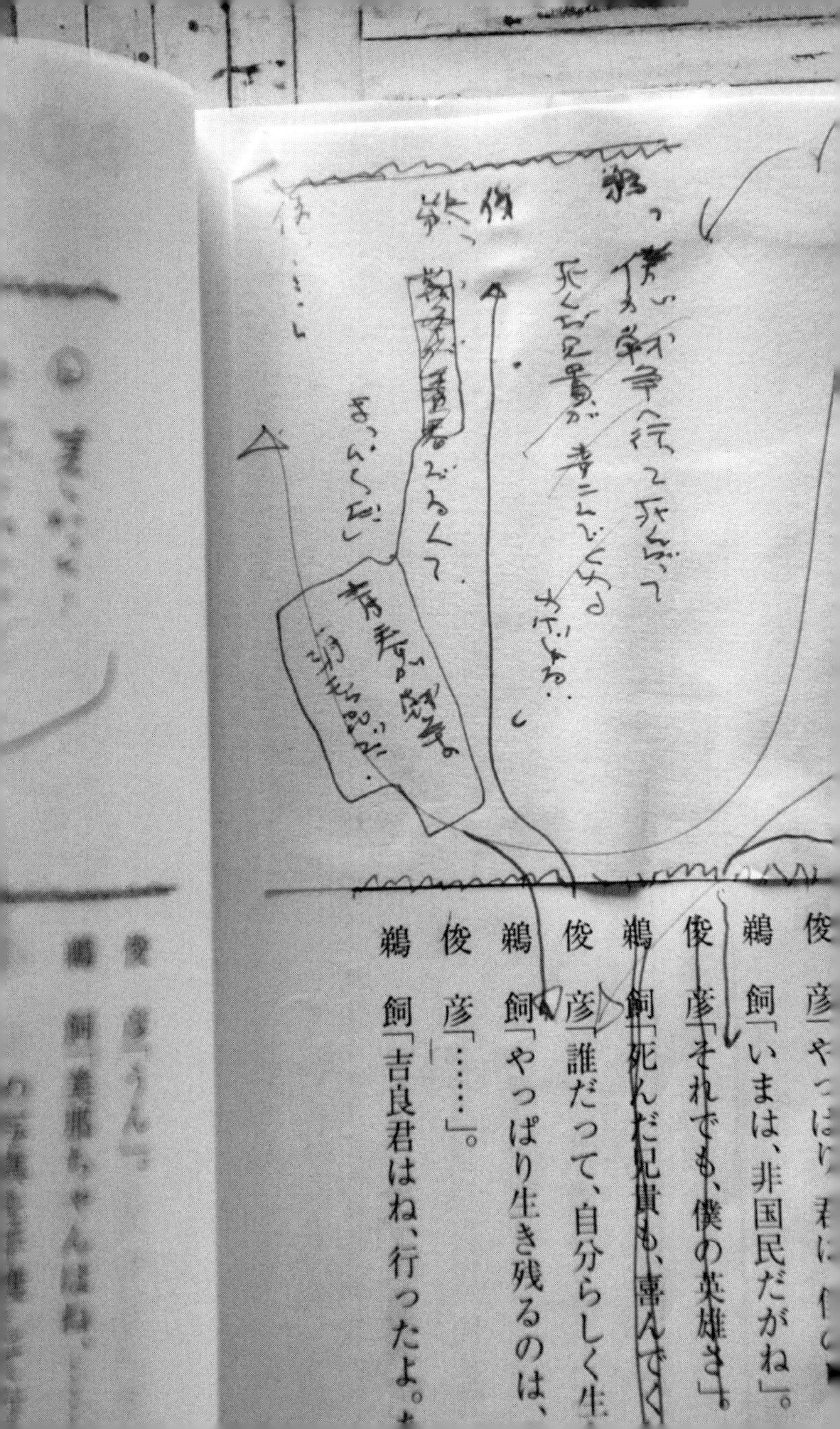

俊　彦「やっぱり君に僕の

鵜　飼「いまは、非国民だがね」。

俊　彦「それでも、僕の英雄さ」。

鵜　飼「死んだ兄貴も、喜んでく

俊　彦「誰だって、自分らしく生

鵜　飼「やっぱり生き残るのは、

俊　彦「……」。

鵜　飼「吉良君はね、行ったよ。

青春が戦争の消耗品だなんてまっぴらだ

二〇一六年八月二十四日、夕刻六時から映画『花筐／HANAGATAMI』に携わる関係者、俳優さんも、全国からの応援団も含めて全員が、明日からの撮影のために佐賀県唐津《からつ》市に集結し、オールスタッフと呼ばれる会議が行われました。

ぼくが唐津赤十字病院で肺がんの宣告を受けたのは、その二時間前でした。

まずスタッフや出演者に伝えるのが道筋であるだろうと、ぼくは開口一番、「実はさっきステージ4の肺がんが見つかり、余命半年と医者にいわれちゃって……」と報告しました。

普通なら余命半年の宣告を受けたのですから、その場で映画の撮影中止を関係者に伝え、治療に専念するべきかもしれません。実際に同じ時期にぼくよりずっと若い監督さんが、がんとわかり、映画の製作を延期したと、後になって人伝《ひとづて》に聞きました。

通常の生活感覚でいえばそうでしょう。でも、ぼくは少しもそんなことを考えませんでした。「余命半年か。撮影は三ヶ月で済むから大丈夫。でも、編集に半年以上かかるから、そこは手立てを考えなければ」と実務のことは考えましたが、不安や絶望など悲観的な感情を抱くことはまったくありませんでした。

それどころか、むしろ体がぽっと温かくなり、妙な安心感に包まれるのを感じて、「これで『花筐／HANAGATAMI』の原作者の檀一雄《だんかずお》さんと結びついたな。やっと映画を撮る資格ができた」と、涙が出るくらいうれしくなったんです。

というのは、ぼくの商業映画デビュー作は一九七七年の『HOUSE／ハウス』となっていますが、実はそれよりも前に『花筐』を撮るはずだったのです。四十年以上昔の一九七五年、福岡の能古島《のこのしま》に住んでいた檀さんに、ぼくは『花筐』を映画にしたいというお願いに行ったのですが、そのとき檀さんは末期の肺がんでした。代表作『火宅《かたく》の人《ひと》』を口述筆記で仕上げてらっしゃる最中でしたが、間もなく檀さんは亡くなり、映画化の話もいろいろあって立ち消えとなってしまっていたんです。

「檀一雄さんと同じ病気なんだよ。俺も檀さんと頑張るから、みんなも頑張ってね」と、百人を超える親しい仲間に伝えながら、ふと周りを見たら、檀一雄さんの長男の太郎君がいません。太郎君は最初のときも一緒にやろうと尽力してくれて、今回も協力してくれるとのことなので、当然その場にもいるはずでした。

時間に遅れる男じゃないし、どうしたんだろうと、ぼくの妻でプロデューサーの恭子《きょうこ》さんが電話をすると、「肺がんになっちゃった。一週間後には手術だよ。オヤジと結びついたね」と太郎君がいうのです。恭子さんが「大林も肺がんになって、これで檀一雄さんと一緒になって、いい映画が撮れると発表したところなのよ」と伝えると、太郎君も「よかったね。俺たち息子二人とも、肺がんになって。万歳！　万歳！」と大喜びでした。ぼくと太郎君は檀一雄さんの息子と呼び合っているんです。もちろんぼくは戸籍上は違いますけどね（笑）。だから、不謹慎かもしれないけど、ぼくは本当に肺がんになって「万歳！」でしかなかったんです。でも、がんになって万歳といった以上、ぼくたち「表現者」は有言実行の人間だと自負しているので、本当に万歳にしなければいけません。

翌日、予定通り唐津神社で祝詞《のりと》を上げてもらいました。撮影の無事を祈ってもらうのですが、祝詞を聞いたときに、いつもと違う感情が芽生えました。ぼくはがんを背負っている。命の限りを背負っている。それなら、すがすがしく、残っている命をきれいに使って仕事をしようと思われたんです。だから、いつもより謙虚な気持ちで祝詞を聞いて、手を合わせたのをよく覚えています。そして予定通りに撮影を開始。何しろ自覚症状が何もなく元気なので、二日間、徹夜まがいの仕事をして、再度、唐津赤十字病院へ検査をしてもらいに行きました。「肺がんの宣告を受けましたが、おかげさまでこんなに元気です」と担当の「梅ちゃん先生」こと、梅口瞳先生にいうと、「監督さん、今日は余命三ヶ月ですよ」と厳しいお顔で諫《いさ》められてしまいました。

「半年ではないんですか」とぼくが聞くと、「この二日で余命三ヶ月になりました。がんは倍々ゲームですから、がん細胞がどんどん増えていきます。このままいくと、三ヶ月持たないこともあるので、何か措置をしなければいけません」と仰《おつしや》るのです。

措置をするなら、入院して、点滴治療するしかありません。しかし、「撮影があるから入院はしたくない」と話していると、娘の千茱萸《ちぐみ》（映画感想家・映画監督）が駆けつけてきて、「治療を始めたらパパは病人になる。入院はしないで、映画の撮影終了まで延ばす方法はないですか」と、自分と同世代の誼《よしみ》もあって梅ちゃん先生に治療方針を相談してくれました。

しかも、「映画は撮影だけではダメで、編集に半年以上かかる。だから、一年間、治療の負担なしで生かしたい」と千茱萸がいうので、「それはちょっと私の手に負えません。三ヶ月なら保証できる。それ以上は、私が尊敬する東京の肺がん専門の先生を紹介するので診てもらってください」と、帝京大学附属病院の関順彦《せきのぶひこ》先生を紹介してくださいました。

そこで、ぼくと家族だけ一日撮影を休んで東京に戻り、関先生の診察を受けるため、三週間の検査入院は覚悟して病院へ出向いたのです。ところが関先生と話しているうちに、恭子さんまでが「この人は現場にいるのが一番元気で、今も元気。顔も輝いて、とても病人には見えないんですよ。私は現場に連れて帰るのが一番いいと思います」といいだしました。

たまたま関先生の名前が順彦さんで、読み方はぼくと同じ「のぶひこ」。そこで、ぼくはぼくで、「我が親族の男はみんな彦が付いて、医者なんです。先生を拝見していると、親戚の甥っ子のような気がします。先生が「宣彦おじさん、現場に戻ってください」と背中を押してくだされば、現場に帰れるんですけどね」とお願いすると、関先生はしばらくぼくたち三人の顔を見て、「宣彦おじさん、現場にお帰りください」と、ある覚悟をされたお顔で了承してくださいました。それなら、もう一も二もありません。現場に帰ろうとなったんです。

翌朝、唐津に帰る新幹線に乗るため、タクシーで世田谷のゴミ処理場あたりを通っていたら、窓から外を見ていた恭子さんが「まあ、きれい」と叫ぶんです。ぼくもそちらを向くと、虹が七色に見事に輝いていていて、その根元が三本も見えました。「これはとてつもない、いいことがあるぞ」と咄嗟にぼくは信じました。

それから娘の家に向かったら、待ち合わせ場所の日向《ひなた》で、千茱萸と婿殿の森泉岳士《もりいずみたけひと》（絵の作家）の二人がニコニコと携帯で電話をしているのです。「おまえなあ、父親が死にそうだというのに、何を笑顔で電話をしているんだ」とあきれて物申したら、「パパ、今、先生から電話があって、イレッサが効きそうだって！」と弾んだ声が返ってきました。

イレッサとは二〇〇二年にイギリスで開発されていた錠剤タイプの抗がん剤です。世界に先がけて日本で使用したところ、薬害で亡くなる人が出てしまった。それで、一度は使用中止になったのですが、研究が進んで、どんな患者に効きやすいかがわかってきたため、二年くらい前からまた使用できるようになっていたんです。

唐津に戻ると、その日から唐津赤十字病院でさっそくイレッサの投薬が始まりました。イレッサはぽんと飲むだけの薬。治療も何もいりません。ただし副作用はいっぱいあると聞きました。爪が曲がるとか、髪が抜けるとか、気分が悪くなるとか。何が来るかなと、最初は緊張していたのですが、結局何もありませんでした。

五日目くらいに梅ちゃん先生がスキップしながら病室にいらして、「こちらが飲む前、こちらが飲んだ後」と二枚のレントゲン写真を見せてくださいました。飲む前はこぶし大ぐらいあったがん細胞がほとんどなくなっていたんです。「効いたんですよ。それも異常に効いたんです」と満面の笑顔でお喜びです。それは本当に奇跡のような出来事だと実感しました。

唐津赤十字病院は、偶然にも『花筐/HANAGATAMI』の撮影現場の目の前。ぼくが入院した最上階の病室からは撮影現場も眺められる絶好のロケーションでした。毎朝、検査して問題がなければ、看護師さんたちに「いってらっしゃい」とおそるおそる見送られ、夕刻六時に戻ってきて、イレッサを飲むのがぼくの入院生活。

最初はそういう約束でした。でも、現場に行くと、なかなか病院に戻れません。当然です。大好きな映画の撮影ですから。六時に帰る約束が、すぐに八時になり、十時になり、十二時になり、最後には翌日になってしまいました。そうすると、病院から電話がかかってきます。ぼくが現場にいることはわかっているから、心配することはないけど、病院側は居場所だけは確認させてくださいと何度も叱られました。

当初、がんの治療が始まったら、半日ほど病室で点滴を打ち、ヨレヨレの状態で撮影現場に行って仕事をする、そんな辛い日々が待っているのかと半分は諦めていました。しかし、イレッサが予想を超えて効いてくれたんです。何も自覚症状がないうちに唐津での撮影は順調に進み、十月十四日、無事にクランクアップを迎えられました。その後、編集も終え、当初の「余命」はとっくに過ぎていたのですが、二〇一七年十二月十六日に『花筐／HANAGATAMI』の封切りを迎えることができました。

余命半年と宣告されたぼくが、なぜ今もこうして映画を撮り続けていられるのか。もちろん家族や周りのスタッフたちのサポートの力は大きいと思います。さらに、現代医療の力もあります。がんになって改めて医学の進歩に驚いています。

抗がん剤は長期に服用すると、効果がなくなったり、副作用が出たりするため、ある一定期間飲み続けると、新しい抗がん剤に替えなければいけません。ぼくもイレッサを一年くらい服用して、次はタルセバ薬に替え、さらにタグリッソと移っています。イレッサはイギリス製、タルセバはロシア製、それが黄色人種のぼくに効いているのですから、「国際交流でこれぞ世界平和なり（笑）」と威張っております。ともかく新しい抗がん剤の開発は日進月歩で、効果がなくなった頃に新薬が発売されるから、命をつないでいるわけです。

でも、それだけではないような気もします。ぼくの前向きで楽天的な性格も影響しているのではないかと信じています。これは病院の先生から聞いたのですが、アメリカで「楽天的な考えの人」と「悲観的な考えの人」、それぞれ三百人の患者に同じ薬を投与したところ、楽天的な考えの患者のほうに薬がよく効いたという結果が出たそうです。「非科学的なデータですが、監督はその典型です」と先生は微笑みながら説明されました。

治療中にこんなこともありました。イレッサを飲み始めてから先生も驚くくらい腫瘍マーカーの数値が下がっていたのですが、半年ほど経った頃に再び数値が少し上がってしまったのです。レントゲンで調べてもらうと、脳に多発転移の可能性があるけれど放射線治療をすれば大丈夫ということで、三週間ほど放射線を当てました。ぼくは広島県の尾道《おのみち》の生まれなので、広島の人間が放射線のおかげで生き延びるというのも理不尽な感じがしましたが、それが「現代」の「科学文明の進歩」なるものの実態であると学びました。

この放射線治療をする前に、「頭の毛がすぐに抜けますよ。放射線治療だから、点滴治療のように抜けるのではなく、焼けてしまうのです。だから、三、四日で毛がなくなります」と先生から宣言されました。そこで、負けず嫌いのぼくは、「三週間後にも髪の毛はありますよ」と先生と賭けをしたんです。すると、三週間後も見事にぼくの髪の毛が残っていたので、「治療が効かなかったのかしら、変ですね」と先生は驚いていらっしゃいました（笑）。「私たちは医者ですから、データでしか判断できないけど、人間だから、そういうこともあるんですね。監督さんが楽観主義でイレッサが異常に効いたように、非科学的だけど（笑）、頑固に必ず毛が残っていると思えば、頭髪もそれに従ったんでしょう」と。

でも、ぼくの勝負師としての神通力が働いたのはそこまで。治療が終わった翌日と翌々日で、ぼくの髪の毛は全部抜けてしまいました。それでも、体は自分の意志でコントロールできるという妙な自信になったんです。これも「楽観主義」のなせる業《わざ》かもしれません。

ただぼくの楽観主義は、ときに徒《あだ》となります。それを思い知らされたのが、二〇一八年四月に亡くなった映画監督の高畑勲《たかはたいさお》さんの一件でした。

高畑さんとは旧知の仲でしたが、同志ともいえるほど仲良くなったのは、二〇一四年に高畑さんは『かぐや姫の物語』、ぼくは『野のなななのか』で日本映画功労賞をいただいた席でご一緒してからです。

帰りに久々に食事でもしましょうかねとなって、お互いに何となく「うかつでしたね。うかつでしたね」という言葉が出てきました。

「ぼくたちがあまりにもうかつで、この国が戦争をすることはもう二度とないだろうと思っていた。うかつにも高をくくって、意識的ノンポリとして生きてきた。そのことが日本をまた戦争に向かう国にしてしまった。これはぼくたちの責任だね」と話し合いました。それから高畑さんとぼくは離れがたいパートナー意識で共に生きてきたんです。

そんなわけで、『花筐／HANAGATAMI』の試写会が行われたとき、高畑さんにもお声をかけたんですが、「ちょっと行けません。実は肺がんになりまして、手術をするんです」といわれました。でも、お元気な声でしたし、肺がんのことはどこにも公表されていなかったので、ぼくも口を閉ざしていました。

いよいよ劇場公開が迫ったある日、「大林さんは元気でいいですね。テレビで拝見していますよ」と高畑さんから電話がありました。そのいい方に少し引っかかったけど、高畑さんのことだから、ちゃんとお医者にもかかっていらっしゃると思い込んでいました。だから、余計なお世話になるような心配をする必要はないと楽天的に考えてしまったんです。『花筐／HANAGATAMI』の封切り日には高畑さんの奥さまが大きな花を届けてくださって、ぼくはそれを抱えて舞台挨拶をしました。やはり心配にはなりましたが、高畑さんへの友情と謝意を表せば、そこまでがぼくのできることかなと勝手に判断しました。でも、だんだん人伝にあまりよくないという噂が聞こえてきました。病院での治療を拒否していらっしゃるらしいと。それで、これは放っておくわけにはいかないとようやく気がついたんです。

高畑さんは肺がんの初期だったため、肺を切除されました。普通なら、それで一件落着です。檀太郎君もそうでした。高畑さん自身もそう思っていらしたそうですが、術後の様子が悪く、病院への不信感を持ってしまい、自宅療養と決められたそうです。

それを聞いて、しまったと思いました。高畑さんはぼくより二つ歳上ですが、同じ戦争を体験した世代。そのぼくたちが療養をすると、自ら我慢してしまうのです。自分の寿命にかかわるようなことは我慢するのが、戦争で死んでしまった人への贖罪。そんな意識を持ってしまうのが、あの戦争を幼い子どもであったがゆえに、より純潔に感じ、体験してしまった世代の特徴です。

同じ戦争世代で、同じテーマで生きている世代ですから、高畑さんに贖罪意識があることはわかっていました。敗戦後、「ぼくが生き延びているのは何でだろう?」と、自分が生き延びた意味と常に向き合うことで、ぼくたちは表現者として生きてきたんです。

それで恭子さんから奥さまに電話してもらい、「しゃしゃり出るようで失礼かもしれませんが、大林の主治医の診断を一度受けてみてもらえませんか」と申し出ると、とても喜んでくださいました。ところが、病院にいらしたときには立つことも座ることもできないくらい高畑さんは衰弱しておられました。すぐに入院して治療を始めたのですが、「大林さん、遅かった。後一ヶ月も早かったら、もう少しは何とかなった」と、ぼくを生かしてくれたお医者さまでも手の施しようがない状態でした。

同世代の自己犠牲、我慢してしまう気持ちを知りながら、ぼくは本当にうかつでした。

ぼくは自らを「敗戦少年世代」と呼んでいます。これは昭和でいうと、十（一九三五）年から十五年くらいまでに生まれた世代に多い認識だと思います。ぼくは昭和十三年生まれで、高畑勲さんをはじめ、寺山修司、立川談志《たてかわだんし》、阿久悠《あくゆう》あたりがその世代です。

ぼくたちは戦前派でもないし、戦中派でもない。ならば戦後派かといえば、それも違う。戦後派に一番なれなかったのが、ぼくたちです。敗戦後の日本の大人たちが一番信じられなかった。戦前、ぼくたちは子どもであるがゆえの、より純潔な軍国少年でした。戦争中に物心がついた世代だから、戦争がいいも悪いもない。目の前にある戦争を素直に受け入れるだけの日常を過ごしていました。

ぼくが大人たちから聞く戦争の話は、日清・日露戦争の話ばかりでした。なぜか。それは日本が勝った戦争だからです。ぼくはそれを太平洋戦争の話として覚えさせられたのです。ぼくらはみんな、「大日本帝国」の「愛国小国民」であったのです。

乃木希典《のぎまれすけ》将軍が息子二人を亡くした旅順《りょじゅん》攻略の戦いも太平洋戦争の話だと思っていました。「敵の将軍、ステッセル」という歌も、敵を武道の礼節で迎え、帯剣を許したまま会見したという日本武士の崇高《すうこう》さだと覚えているし、「すぎのはいずこ」と歌う、杉野兵曹長を探し回り自分も戦死する『広瀬中佐』の歌も、太平洋戦争の話として覚えています。

女性たちは声高に戦争の話をしませんでしたが、ただ誰彼なくぼくを抱き上げたときは、『君死にたもうことなかれ』という与謝野晶子の歌を歌っていました。「親は刃《やいば》をにぎらせて人を殺せとおしえしや、人を殺して死ねよとて、二十四までをそだてしや」という。これも与謝野晶子が日露戦争のときに出征する弟を歌った歌です。ぼくを死なせたくないという思いで、母や伯母たちもぼくの耳元で歌っていました。勝ったときの戦争の歌だから許されると思ったかもしれないけど、耳元でささやいていたということは、やはり大きな声では歌えなかったんでしょうね。それを聞いていたぼくは、二十四歳になるまでに大日本帝国の爆弾三勇士の一番先頭になって敵陣に飛び込もうと決心していました。

『花筐／HANAGATAMI』の撮影が終わって一段落した頃、空き家になっていた尾道の実家の片付けをしていたら、両親の遺品から、ぼくが子どもの頃に描いた絵や手紙がたくさん出てきました。戦前のそんな古いものがどうして残っていたかといえば、父親の慰問袋なんです。

父親はぼくが一歳のときに軍医として日中戦争、太平洋戦争と、都合六年間ほど戦争に行っていました。その間、ぼくが書いた手紙や絵、母親からの手紙や写真を戦地に送っていて、父親は慰問袋に入れたまま全部保管し、大事に日本まで持って帰ってくれたんです。だから、我が家には当時の大切な記録が記憶としても残っていたんですよ。

その中にはぼくが生まれて初めて見た映画『ハワイ、マレー沖海戦』に影響されて描いた絵もありました。『ハワイ、マレー沖海戦』とは、昭和十七年に開戦一周年記念として国威昂揚《こうよう》させることを目的につくられ、大ヒットした日本映画です。ぼくの真珠湾攻撃の絵では、沈みかけた舟の上で米国のルーズベルト大統領と英国のチャーチル首相が「きゃー、お助け」といっている、その上の空からぼくが零戦で爆弾を落としています。

それが、子どもの頃のぼくの実態なんですよ。だから、胸を張って反戦なんていえる資格はない。ぼく自身が、加害者だと思っていますからね。

ところが、その絵がどんどん変わっていくんです。終戦が近くなってからは日本軍の飛行機がめらめらと燃えて墜落していったり、日本人がチャーチルやルーズベルトの代わりに「きゃー、お助け」といって、敵に胸を突き刺されて死んでいく姿とか。子どもだからより敏感に日本が負けていくことを感じていたのでしょうね、きっと。もちろん、大人は誰もそんなことを話してくれませんでしたが、大人には子どもに話せぬ秘密もあるんだ、とは常に切実に感じておりましたから。

それが、八月十五日の玉音放送で、がらりと世の中が変わってしまった。ぼくが七歳のときです（当時は数え歳でしたから、八歳でした）。

戦争に負けたのだから、大人たちは子どもであるぼくたちを殺して、自決するものと信じていました。それが誰もぼくを殺してくれないし、誰も自決しない。大人たちは闇米を担いで、「平和だ、平和だ」といって、浮かれている。どう考えても変じゃないですか。天皇陛下のために死ぬつもりだったのに。こんな連中とつき合っていては、生きている意味も死ぬ意味もないじゃないか、というのがぼくの敗戦の始まりなんです。

敗戦間もないある日のこと。大人の誰も殺してくれない、自決もできない、さあ、どうしようと悩んでいた頃の話です。母親が「お父ちゃんのお帰りは待てないけど、今日は一晩、母ちゃんとお話をして、明日の朝まで起きてお話ししておりましょう。一緒にお風呂に入りましょうか」といいだしたので、「えっ」とぼくは震えました。

当時は男尊女卑が当たり前で、お風呂もまずおじいちゃんが入って、男性の親族、最後が男子の中で一番幼いぼく、それからおばあちゃん、女性の親族の順番でした。もちろん物心ついてから、母親と一緒に風呂に入ったことがありません。

初めて母親の裸を見ました。きれいでしたね。こんなに柔らかくて、こんなにきれいなものが世の中にあるんだろうかと感動しました。お風呂から出ると、母親は裁ち鋏《ばさみ》で、戦争中も切らなかった腰まであった自慢の髪を耳の下でバサッと落とし、父親が残した国防色（つまり、カーキ色です）の服を着ました。ぼくはなぜか寝間着ではなく、我が家でただ一つつぎあてのない三つ揃いのスーツを着させられたんです。

当時、ぼくは母方の実家で三、四十人の親類縁者と暮らしていました。大人たちは大部屋に一緒に寝ていたのですが、肺結核で亡くなった伯父の部屋が一つ空いていて、そこで小さなぼくだけは一人で寝ていました。いつもは母親の寝物語を聞きながら、ぼくが眠りに入った後、母親は姉妹たちの部屋に戻っていきました。

ところが、その晩、寝間には布団は敷いていなくて、座布団が二つあり、その間にナイフが一本あったんです。そのナイフは、肺の病で亡くなった伯父さんが棺桶に入れられるまで胸の上に置いてあったお守りでした。それを挟んで、母親と礼を正して座って向き合ったんです。

子どもながら戦勝国の進駐軍が尾道に来るという噂は聞いていました。「鬼畜米英」と呼ばれた赤鬼、青鬼の進駐軍が来れば、男は撲殺、女は強姦と、実態はともかく子ども心に承知していたので、きっと母ちゃんは、進駐軍が来る前にぼくを殺して、自分も死ぬんだなと思いました。父ちゃんが帰ってくるのは待てないけど、それが負けた国の運命だと思ったので、怖くもありませんでした。むしろ母ちゃんが殺してくれるなら、優しく痛くなく殺してくれるんだろうなと安心しました。生き残ってしまったぼくはどうなるんだろうという不安の中にずっといたので、逆にほっとしたくらいです。

それで、すやすやと、寝てしまったんです。気がついたら、座布団の上で猫のように丸まっていました。ふと見ると、雨戸の節穴から光が入って、部屋の壁に、牛乳配達のお兄ちゃんが牛乳を持ってきている姿が逆さになって映っているのが見えました。「ああ、朝が来た。ぼくはまだ生きている」とぼんやり思いました。母ちゃんは座ったまま、寝ているのか起きているのかわかりませんが、目を閉じていました。それで、また安心して寝てしまった。その記憶はそこで終わっているんです。

その日のことを、母親は死ぬまで一度たりとも話しませんでした。ぼくも聞きませんでした。聞けるはずもありません。あの優しい母ちゃんが、愛する夫から授かった大切な一人息子を留守中に殺そうとしたんですから。それをぼくが覚えていて、質《ただ》すことをしたら、母ちゃんがどれぐらい傷つくだろうという配慮は子どもだから余計にあります。

あんな日があったのかさえわからない記憶なんです。あったこともなかったことになってしまうのが、戦争なんです。母親にとってはあってほしくなかったことだし、ぼくにとっては忘れてはならないことだし。そうした経験が、その後、「虚実の狭間にまことがある」というぼくの映画づくりに結ばれていったんですね。

敗戦後、ぼくはずっと自分を恥じていました。死ななかった大人は軽蔑していればよかったけれど、じゃあ、おまえはなぜ自決しなかったのかといわれれば、やはり自分では死ねなかったからです。

卑怯者として生きている意識はずっとあって、今も忘れられない。軍国少年にとって、卑怯者というのは一番の恥ですから。一生の恥として染みついています。小学校に行っても、違和感ばかりです。学校の先生ですら、尊敬できなくなったわけですから。戦前、戦中は権威の象徴であった先生が突然、手のひらを返したように戦争は悪いといいだした。大人であったなら、戦争中を青春として過ごした諸先輩のように、例えばそれを荒唐無稽《こうとうむけい》に語りつつ、自分の慚愧《ざんき》の念を埋めることもできたかもしれません。でも、子どもだから、大人の知恵もないからひたすら恥じているだけでした。

ただ生き残った以上は、責務もありました。ダメでバカだった大人たちがやれなかったことをやらなければいけない。それは、日本の歴史で初めての平和日本をつくること。つまり、平和日本をつくる第一線の大人として、成人を迎えたのがぼくたちなんです。ぼくたちは、死ねなかった敗戦後の人間として恥ずかしい生き方をしなければいけないけれど、新しい日本をつくるなら、過去の恥とは別に、価値ある生き方ができるのではないか。それをせねばならぬという責務のほうをより強く感じていました。それをやるために生きているんだよ、ごめんね、という気分だったんです。時が遠く過ぎてから見えてくることは、戦争という物事の本質から逃げていたんでしょうね、きっと。それも「うかつだった」わけです。

戦争の影を引きずりながら、しかも殺されないで生き延びて、日本の歴史で初めて平和という時代をつくる大人として、意識的に頑固に生きてきたのがこの世代なんです。でも、平和をつくるといっても、規範がないから、規範探しから始まります。手本がないから、何でもやってみる。寺山修司にしても、本来の俳句だけではなく、芝居や映画をつくって、コメンテーターにもなって、挙げ句の果てに「安保闘争に行く奴はみんな豚だ」などといって、同時代の闘士たちの反感を買ってしまうわけです。

ここで安保に反対するぐらいなら、なぜ大人たちは戦争中に戦争を止めようとしなかったのか。戦争中に戦争を止められなかった奴が生き延びて、もう殺される心配がなくなったから安保反対なんて、過激を承知で申せば、無責任な自己弁護だぞ。寺山からすれば、そういう気持ちだったと思いますよ。同世代だからわかるんです。

だから、ぼくたちの世代はこぞって、戦後を謳歌《おうか》するふりをして生きてきたんです。ノンポリを装って生きてきました。意識的ノンポリですよ。敗戦後は日本中が戦争のことをなかったことにしたがった。GHQ＝日本を占領した「連合国総司令部」の初代最高司令官マッカーサーの指導によって、あの「太平洋戦争」すらなかったことになろうとしていた。あとはもう、物と金があればいいという時代に、戦争の話をしても意味がなかったんです。

ぼくが『花筐』を撤回して、かわりに拵《こしら》えた劇場映画進出第一作の『HOUSE／ハウス』は、怪奇と幻想の映画として若い人たちに大ヒットしましたが、大人たちからは女子《おんなこ》どもの映画と酷評されました。でも、実はテーマは、ぼくの内部に潜む戦争でした。当時は純文学が原作の戦争映画なんて誰も見てくれなかったから、新しい流行のホラー映画なら見てくれるんじゃないかと。じゃあ、同じ「戦争はいやだ」というテーマで、見てもらえる映画をつくればいいと思ってつくったのが『HOUSE／ハウス』なんです。

アメリカで上映したら、「あのおもちゃみたいな、ゴム風船みたいな原子爆弾は、どういう意図で描かれましたか」と質問されました。日本では誰にも気づかれませんでしたし、そんな質問をされたことはありませんよ。戦争をストレートに描いたところで、もう終わってしまった過去の戦争に過ぎないじゃないか。敗戦少年の憤りは平和ボケしたこの時代では何も伝わらない。という思いの中で、あえてノンポリで過ごそうと決めてきたんです。

ぼくたち敗戦少年世代は、表現自体が我慢の表現なんです。本当にいいたいのは戦争のことだけど、表だっていってもわかってもらえない。だから高畑さんも、アニメーションという家族揃って楽しくみられる表現の中で、自身固有の戦争体験を描いてこられたんです。

黒澤明《くろさわあきら》監督が「世の中には旬《しゅん》というものがある」と仰っていました。「俺だって、今、二、三十本はつくりたい映画があるけど、そのうちのどれをやるかは俺には決められない。それは上にいる人が決めてくださる。つまり、果実と同じで表現には旬があって、どんなにおいしい果実を育てても、それを愛《め》でておいしく食べてくれる人がいなければ意味がない」と。

みんな戦争なんかなかったと思っている時代に、戦争の映画をつくっても誰にも食べてもらえない。だから、そのときにつくるべき映画ではなかったのでしょう。ぼくもこれまでに撮った四十四本の映画のうち、デビュー作の『HOUSE／ハウス』以降、八本の映画で原爆を描いてきました。だけど、誰もなかなか気がついてくれませんね。

でも、時代が変わって、『花筐／HANAGATAMI』も四十年以上を経て、ようやく実現することができました。うれしいと思う反面、そんな世の中になってしまったという怖さもあります。小説は戦争の足音がする時代に書かれたので、檀一雄さんも本当に書きたいことが書けたわけではなかったでしょう。戦争中の青春の話だけど、戦争がいいとか嫌いだとか一言もいっていません。そんなことは書きたくても書けなかった。そういうことを書かなくて、どうやってそういう思いを伝えるかというのが、戦争中の父親世代の表現だったと思います。

ですから、ぼくの作業は、檀さんが書きたくても書けなかったことを想像力で読み解いて、それを補足していくというものでした。小説にはないのですが、映画では登場人物の一人に

「青春が戦争の消耗品だなんてまっぴらだ」という台詞《せりふ》をいわせています。あの時代にそんなことをいったら、すぐに国賊ですからね。罪になり罰せられる。檀さんはそれをいいたくてもいえず、若者たちの恋愛や友情の話に置き換えたんだと思います。

檀さんと同世代のぼくの父親は昭和十四年、ぼくが生まれた翌年に戦争に行っています。赤ん坊のぼくは当時のことは覚えていませんから、当然、父親は赤紙（召集令状）をもらって戦争に行ったと思い込んでいました。でも、先日、見つかった両親の遺品の中から敗戦後に父親がこっそり書いていた七百ページもの自分史の原稿が出てきて、それを読むと、「自ら志願して戦争に行った」と書かれていたんです。

ショックでしたね。「えっ、ぼくのオヤジは戦争が好きだったのかい」と思ったんですが、よく読むと、「赤紙をもらって戦争に行ったら、弾よけとしての肉体でしかありえない。しかし、自分で医師として従軍したら、友人の命を救うこともできる。ひょっとすると、敵の命すら救えるかもしれない」と書かれていたんです。

これが当時の若者の選択肢ですよ。ぼくたちとは違って、どれぐらい切迫感のある、辛い選択肢の中で彼らは生きてきたのか。軽々しく想像さえできない空気の中で青春を過ごしてきたのだと思います。

そんな檀一雄さんやうちの父親と同じ世代の青春を、戦後に平和を満喫してきたぼくたちが映画にする資格があるだろうかと、ずっと怯えていました。だから、檀一雄さんと同じ肺がんになって、ぼくは初めて映画をつくる資格を得たと思ったんです。「今も明日もないこの身に、何が表現できるか」。これでやっとオヤジたちの断念と覚悟を追体験できるぞ、とうれしかったのです。

当時、彼らが発せなかった言葉を、今の時代に伝えなければならない。それは、平和な時代に生まれ、未来を生きる現代の若者たちに伝えねばならぬことでもあります。ぼくたちは敗戦後の国づくりを任された世代なんです。うちの父親がそうだったように、あの戦争を経験した大人たちはしゃべれなかった。だからこそ、ぼくたち子どもだった世代が語り継ぐべきだったのに「ノンポリ」として過ごしてしまった。本当にぼくたちはうかつ世代なんです。

いまの日本人の風景を、ぼくは次のように観察しております。

あの戦争が終わってから、大人たちはみな「平和難民」になった。そしてぼくら敗戦少年は、みな「平和孤児」となっちまった。それでも、今なお生かされているならば、己《おのれ》はいったい、今、何をすべきであるか？

ぼくは、映画をつくります。

尾道の田舎もんの権力志向嫌い

昭和十三（一九三八）年、ぼくは広島県尾道に生まれました。ぼくの生家は父方も母方も先代から続く医者の家系。当時、地方の田舎町の医者の家では、大人になれば男の子はみんな医者になり、女の子はみんな医者に嫁ぐと運命づけられていました。

父方の祖父は尾道の近くの金江《かなえ》町という場所で、当時としては珍しいコンクリート三階建ての医院を開業していました。日本で初めて催眠療法を取り入れようとした人で、ぼくも子どもの頃に夢遊病を取り入れた心理療法を受けたことがあります。それでぼくは自己暗示がうまいのかな（笑）、と納得してますが。

父親の義彦《よしひこ》は、男三人、女二人の五人きょうだいの三男坊。父親は家督を継ぐ長男ではなかったので、岡山医科大学（現在の岡山大学医学部）を卒業した後、大学に残り、当時の細菌研究の第一人者だった津田誠次《つだせいじ》先生の元で研究者として働いていました。

その津田先生の引き合わせで、尾道にあった村上病院の次女、村上千秋《ちあき》と父が出会って結婚。父親は岡山医科大学の寮にいたのですが、母親は初産だったので、尾道にある母方の実家に帰ってぼくを生みました。

父方の男子の名前にはすべて彦が付いており、ぼくの宣彦という名は津田先生が付けてくださったようです。ぼくが生まれた翌年に父親は戦地に行ってしまったので、結局、高校を卒業する十八歳まで、ぼくは母方の実家、村上家で暮らしていました。

母が生まれ育った実家は築百年以上の古く大きな家で、庭にはそれより古い松の巨木があり、太い枝の一本が母屋の二階まで伸びてしまい、途中で切られていました。当時はおじいちゃん、おばあちゃん、おじさん、おばさん、いとこなど、母方の親戚縁者みんなでその家に住んでいました。戦争中だから、死ぬときは一緒ということです。男女合わせて三、四十人いたと思います。そこにお手伝いさんや看護婦さんも入れれば、五十人以上。車夫や御用聞き、さらに祖父の元にやってくる町の人たちなどを含めれば、村上家に出入りする人は連日百人くらいいたかもしれません。

当時の田舎町はどこでもそうだったのでしょうが、代々続いた医者の家は、町の文化の中心的な役割を担っていました。毎日のように警察署長や税務署長、校長先生からやくざの親分までが二階の大広間に集まって、みんな褌《ふんどし》一つで天下国家から日々の暮らしまで喧々《けんけん》囂々《ごうごう》。ときには芸者を呼んで、どんちゃん騒ぎをしていました。

とにかく賑やかな家でしたが、父親がいなかったこともあって、幼い頃のぼくはどこかよそ者の気分が抜けず、そこで母親と二人だけで孤独に暮らしていたという寂しい思いが残っています。他のいとこたちとも歳が離れていたため、いつも一人で遊んでいました。一、二歳頃のぼくの楽しみといったら、町中を走り抜ける蒸気機関車でした。

尾道は動物の尻尾《しっぽ》の道といわれるように細長い町で、平地はほとんどなく、海からすぐ山につながる真ん中あたりに町が広がっています。山のふもとからすぐ海なんです。それを長い時間かけて、埋め立てていきました。だから、町のほとんどは埋め立て地です。その町を貫くようにして山坂の真ん中を山陽本線が走っています。

当時はまだ電車はなく蒸気機関車ですが、実家の庭のすぐ下を通過しておりました。町の、つまりは山の中腹を蒸気機関車が走ってきて、町中に入るとき、ぽっぽーっとものすごい警笛の音を立てる。その音がすると、ぼくは家のどこにいても、よちよちと庭の端っこまで歩いて、蒸気機関車を見に行きました。

初め音はするのですが、汽車はなかなか見えません。しゅっしゅっ、ぽっぽっという音だけがだんだん近づいていて、見ると、甍《いらか》が太陽のまぶしい明るさで光って揺れている。沖の海もきらきら光っていて、町中が光りだすんです。光の中で、ぱっぱっぽっぽっという音が島や山に反射して、町中が鳴っている。祭りのように鳴って、さあ、始まるぞ、楽しいぞ、と待っていると、突然、目の下でぼわーというとてつもない大きな音がして、真っ黒い煙に巻き込まれて、何も見えなくなります。

硫黄《いおう》の激しい匂いがつーんと全身を巻き込んで、火山の中に放り込まれたような気分になり、しゃがみ込んで、耳を押さえて、鼻を押さえて、目を閉じて、口をきゅっと結んで、祈るんですよ。「神さま、もう嘘はつきません。約束は守ります。強い子、よい子になって、もう二度と悪いことをしませんから、この地獄のような怖さから早く助けてください」。そうしてしばらくすると、町の反対側でぽーと一つ警笛が鳴って、終わってしまうんです。

すると、急に何だか寂しくなって。ただ幼すぎて寂しい気持ちを表現できませんから、「母ちゃん、お腹すいた」と、母屋に帰っていく。それがぼくの三歳前の汽車の思い出です。

何かが始まって、いよいよ祭りのときが来て、去っていく。ものが始まるときのときめきと、楽しみ、期待。いざ来てしまうと、恐ろしくて地獄のようで早く去ってほしいと思う。去ってしまうと、懐かしくなって、また来てほしいと思う。今にして思えば、そういう物事の始まりから終わりまで、人が生まれてから死ぬまでを肌で感じ取っていたのかもしれません。そして、戦争中の大人たちはどんな気持ちで生きていたのかなという思いと汽車の思い出が、ぼくの心の中では結びついています。

大家族で生活をしていましたから、母親と二人だけの部屋もありません。もちろん子ども部屋なんてものもなかった。そんな中でぼくの唯一の遊び場が蔵の中でした。

尾道は港町で、戦前は外国船も寄港していたため、南蛮《なんばん》渡来の不思議な積み荷が届くと、港の人が「先生、これは何でしょうか」と祖父の元に持ち込むんです。「わしにもようわからんから、蔵に入れとけ」といった感じで、蔵の中は古今東西のガラクタ（宝物！）で溢れていました。生まれて初めて見る四色刷の画集とか、羊の革の張られた本とか。骸骨《がいこつ》の標本もあれば、蓄音機や幻灯機、オルゴールなど。蔵の中は薄暗くて、端のほうに明かり取りの窓があるだけ。薄暗いから、余計に玉手箱というか、パンドラの箱というか、ありとあらゆるものがあるように思えてくる。そこで出会ったのが「ブリキの蒸気機関車」でした。

実はそれは三十五ミリフィルムの、つまり劇場でも使える本格的な規範のおもちゃの映写機でしたが、子どものぼくには蒸気機関車のおもちゃにしか思えなかったんです。レンズの筒は煙突、フィルムを送るためのゲートはレール、缶に入ったフィルムは可燃性のセルロイドでできていて、石炭と同じ匂いがする。くるくる巻いてあるセルロイドをほどいてみると、絵が描いてある。その絵をよく見ると、少しずつ違う。これはおもちゃだから、石炭に絵が描いてあるんだと思いました。後ろにはお釜もある。これはランプハウスでした。

ぼくはすっかり蒸気機関車だと思って、その石炭を十コマずつ切って、短冊にして織り、庭に出て、お釜のランプハウスに入れました。そして煙突のレンズを立てると、レンズで太陽の光を集光して、石炭と覚しきセルロイドのフィルムがお釜の中で燃えだすんです。それで、ぼくはがたこんがたこん、しゅっしゅっぽっぽっと、毎日のように遊んでいました。

そのうちに、どうも蒸気機関車にしてはちょっと違うと気がついたんです。石炭だと思って刻んでいたものをよくよく見ると、漫画本で親しんでいた『のらくろ』や『冒険ダン吉』の絵が印刷してある。蒸気機関車が入っていた馬糞紙《ばふんし》（ボール紙）の箱を取り出すと、そのフタに片仮名で「クワツダウダイシヤシンキ」と書かれ、図解がしてありました。それを見ると、レールに石炭をはめて、お釜に二十燭光《しょっこう》のランプを付けると、セルロイドの石炭を通過して煙突から光が出て、目の前の壁に絵が映し出され、しゅっしゅっぽっぽっとハンドルを回したら、絵が動くらしいということがわかってきました。

実際にやってみると、石炭に描かれた絵がかたかた、かたかたと動くんです。これはしまった。石炭と思って切ってしまったから元に戻さなきゃと、母親のところに行って、たこ糸をフィルムの左右の開いた穴に通して結ってもらうと、かたかた、がたん、かたかた、がたん、とますます蒸気機関車のようになってしまいました（笑）。

フィルムのコマをでたらめにつないだから、がたんと大きく鳴るたびに、のらくろがぽんと手を出したと思ったら、冒険ダン吉がひっくり返ってしまう。それぞれ別の話の主人公のはずなのに、のらくろと冒険ダン吉が拳闘をしている。これは自分で物語ができるんだ、すごいなあと思って、まだ切り刻んでいないフィルムを点検して、この部分とこの部分をつないだら、こんな話ができるんじゃないかと、フィルムの切り貼りをやりだしました。そんな遊びの中で映画の編集を覚えてしまったんです。

子どもはそういうおもちゃを覚えると、年中体から離しませんから、フィルムを体に巻き付けたりして遊んでいました。フィルムはとがらせると、ささらのようになる。ちょうどのちの『スター・ウォーズ』のフォースの剣みたいにして、剣術ごっこです。製作者のジョージ・ルーカスもきっと同じ遊びをしたに違いありません（笑）。

お風呂に入ると、今度はフィルムをおちんちんにはめて、ちゃんちゃん、ばらばら。それで、ふとフィルムを見ると、絵が流れて消えている。大人なら、「絵が消えてしまった」になるんでしょうが、子どもの言葉はそうはなりません。「絵の描いてないものが、手に入った」となるんです。子どもはいつも加点法で生きていますからね。

今度はそこに自分が描けば、自分の絵が動くだろう、これはしめたと、うちのおじいちゃんをモデルにした「マヌケ先生」というキャラクターをつくって、跳んだりはねたりする絵を描きました。それをかたかたすると、ちゃんと映って動き出す。これがぼくのアマチュア映画デビュー作です。

マヌケ先生とは、ぼくにとっては尊敬の言葉。母方の祖父はカイゼルひげを生やしていて、毎日、三十分は鏡の前でひげを整えていました。頭は禿《は》げていて、出かけるときはシルクハットにモーニング。つぎはぎだらけの編み上げ靴で出かける、いかにも立派な大先生です。

でも、子どもの目から見ると、マヌケなところが多い。お風呂から上がって素っ裸で鏡の前に座ると、ポマードで垂れ下がったひげを何度も伸ばして、ぴーんとさせて、やっと「できたぞ」といったとたんにおならして、その拍子にひげを触って、またやり直し。そんな姿は滑稽《こっけい》で、「マヌケなじいちゃんだな」と思うけど、そのマヌケな姿を正直に子どもに見せてくれる祖父に親近感を持っていました。だから、その祖父を主人公にした映画をつくったんです。ぼくにとっての映画とは、いつでも尊敬と親しみと畏怖からくる怯えなんです。

そんな風にして遊んでいるうちに、「待てよ、この石炭のフィルムはどこかで見たことがある」と思って家の中を探したら、父親が残していったライカ判のスチル（静止画）キャメラのフィルムと同じなんです。大人は頭で理解してしまうから、（動かぬ）写真と（動く）映画を別のものだと思うけど、子どもは知らないから、どちらも同じものに見える。だから、活動写真のフィルムに写っていたのは、あの写真機で撮影したのかと思いついて（笑）。

ライカ判のキャメラのフィルムを半分にしたサイズが、いわゆるハーフサイズで、これが映画の一コマと一緒なんです。そこで、ボール紙でキャメラフィルムの半分をふさいで、一コマに変更。友達と屋根に登って自分で丹下左膳《たんげさぜん》に扮して一コマずつ写し、それを写真屋に持っていって、「これは活動写真といって、写真とは違うから、切っちゃいかんぞ」と、七十二コマ取りのフィルム一本を現像してもらいました（スチルカメラのフィルムは一本三十六枚撮り。それを半コマずつ撮影するから、七十二コマ撮りという大発明！）。

映してみると、なるほどぼくが丹下左膳になって動いているけど、顔が真っ黒。なぜならネガとポジで、反転してしまうから。「活動写真は白が黒く写るから、黒くすればいいんだ」

と、顔に墨汁《ぼくじゅう》を塗って眉を白墨で引いて、髪の毛には黒板拭《ふ》きで粉を吹いて真っ白にして撮影しました。それで、上がってきたのを見ると、白い顔で黒い髪の丹下左膳になっています。

そんな楽しい失敗と発見を繰り返しながら、映画という遊びを覚えてしまった。世界でも珍しい、ぼくは「映画を見る前につくってしまった」映画監督なんです。だから、ぼくの作品は、見て楽しいというよりも、つくって楽しい映画。お客さんにとっても、観客ではなく、「これは俺がつくった」と思ってしまうような。つまり、人ごとではないんです。見るだけなら、人ごとだけど、自分でもあやっただろう、あの台詞はまるで俺の、私の言葉だと思わせる。観客をつくり手の中に巻き込むのが、ぼくの映画の一つの特徴かなと思います。

蔵の中で見つかった、もう一つの宝物がピアノです。

戦争中の子どもですから、先生が朝礼の校庭で弾く足踏みオルガンは知っていても、ピアノなんて知りません。当時は引き出しのない不思議なタンスにしか見えませんでした。フタらしいものがあるので、持ち上げたら真っ黒と真っ白の積み木がある。父親が大事にしていた麻雀《マージャン》の象牙《ぞうげ》の牌《はい》の王さまみたいな。これで黒と白のお城をつくって、戦《いくさ》をやったら、楽しい遊びができると思いました。でも、一片ずつ取ろうと思っても、取れない。触ると動いて、きしきし、かしかしと変な音がする。

何なんだろうと思って遊んでいたら、後ろに母親が立っていて、「それはピアノといって、楽器なんよ。音が生まれるもの。でも、ピアノの中の音をつくる弦が今はないから、音がでないの。供出《きょうしゅつ》といって、家中の鉄製のものはお国に差し出して、戦争に行っている。うちのピアノの弦もお父さんと一緒に戦地に行って軍艦や飛行機になって敵と戦っているのよ。お父さんと一緒に元気にお帰りになるといいわね」と話してくれました。それから、毎日のようにきしきし、かしかしと鳴らしながら、父親を偲《しの》んで遊んでいました。

戦争が終わって、父親も帰ってきて、戦争中にぼくがそうして遊んでいたことを母親から聞くと、「音楽というのは平和な時代にはとても必要なものだ。そんなに好きなら」と、知り合いのお宅から中古のピアノを譲り受けてくれました。「音楽学校に行っていた長兄が戦死したから」ということだったような。

ある日、家の前の階段を六人くらいの大人が、ピアノを担いで運んで登ってくる。その姿をよく覚えています。そのピアノを、祖父や町の人たちが褌一つで話し合っていた我が家の二階の大広間の真ん中に置いたんです。雨戸はもちろん、窓ガラスさえ開けられて、外の音や太陽の光までが差し込んでくるところで、「さあ、宣彦、弾いてみろ」と父親がいうので、叩いてみると、ぽんぽん、と鳴る。「ああ、やっぱり、これは音の積み木だ」と思いました。

窓が開いているので、舟の音、汽車の音、自転車、下駄、ありとあらゆる町の音が聞こえてきます。戦争中、レコードをかけるときは、日が落ちてから、雨戸を閉め、蓄音機の上に毛布を三枚くらいかけ、電気を消して真っ暗にして、それでようやくアメリカの音楽などを聴いていました。それが真っ昼間に弾けるわけですよ。チャルメラが「たんらら−、たららりらら」と流れてくると、ぼくも「ぽんぽぽん、ぽぽぽぽ−ん」と合わせて弾いていました。ピアノを習ったことはないですが、耳で聞こえた音は何でも弾けるようになりました。子どもがプラモデルで遊んでいるのと同じ。音のプラモデルと遊び、映像のプラモデルと遊び。しかも、プロになるつもりはないから、アマチュアの面白さで、自由自在に遊んできました。自由な発想で遊ぶことがぼくの一番大切なことだったんです。音の積み木だと思って弾いていたので、未だに楽譜を読むのは苦手ですが(笑)。

でも、それがよかったのは、盲目のピアニスト辻井《つじい》伸行《のぶゆき》さんの演奏を聴いていると、彼の音楽のあり方がわかるんです。彼は楽譜を見たことのない演奏家ですね。たとえば普通は楽譜にドの音と一オクターブ上のドの音が一緒に書いてあったら、一緒にぽんと弾くんですよ。でも、辻井君のピアノは、楽譜を見ずに音で覚えた音楽だから、微妙にずれたりする。つまり、楽譜という鋳型《いがた》にはめ込まれたコピー音楽ではなく、作曲家が作曲したときの心の音色が出る。だから、彼の音楽は人々に愛されるんです。音楽も映画と同じ「時間芸術」。ミスタッチという虚の音と、楽譜という実の音の虚実の狭間に「まこと」という心の願いの音がある。観客が聴きたいのは、「嘘から出たまこと」の音楽なんですね。

音楽を楽譜にするのは、伝達の機能としてよかったし、それによって古い音楽が今も残っているという功績もあるけど、あくまでも「記録」に過ぎなくて、「記憶」になってない。映画もそうですが、音楽は記録ではなく、記憶として保存されなくてはならないんです。

今の時代は誰もが情報としていろんなことを知っているけど、誰の物語でもありません。情報というのは、人ごとなんです。楽譜に書かれた音楽と同じ。でも、本当は音楽というのは自分ごとで、自分のリズムで自分の感情と自分のメロディを奏で、それを聴いて、楽しむもの。それは、ぼくの映像表現と同じです。

ピアノを教えてくれる先生はいませんでしたが、ぼくには映画館というとても素敵なピアノの先生がいました。映画を観て、そこで流れている音楽を覚えて、家で弾いてみる。映画の中には音の積み木の名人がいっぱい。ブラームスだったり、ベートーヴェンだったり。ショパンの『英雄ポロネーズ』も、『楽聖ショパン』という映画で観て、聴いて、覚えました。

中学生のときに中国地方の学校関係者が我が校に参観にいらっしゃるという催しがあって、副校長先生の推薦で、ぼくは『英雄ポロネーズ』を弾くことになりました。

映画では無名のショパンがパリに出て、譜面を持ってリストに会いに来たけど、誰も相手にしてくれない。仕方ないので、ピアノの上に譜面を置いて帰っていこうとすると、自分の曲が聞こえてくる。しかも、見事な演奏で。駆け戻ると、なんとリストが自分の『英雄ポロネーズ』を弾いている。隣にもう一つ椅子があって、ショパンはそこに座って自らの左手を、リストも左手を鍵盤に乗せ、互いに右手で握手をしながら連弾する。それがかっこよくて、それがやりたくて（笑）。ピアノの上手な副校長先生に頼んで、ぼくと二人でショパンとリストになって学校で演奏していたんです。そんなこともあって副校長先生の推薦となりました。

だから、ピアノを弾くことは、ぼくにとってはショパンになること。それで、うちに帰って、「ショパンになるのには、どうしたらいいだろうね」と母親に相談したんです。すると、母親は一番下の妹に女学校のふりふり袖のシャツを借りてくれて、祖母からは丸髷《まるまげ》を結っていた黒い毛玉を借り、それをほぐして、ショパン風のカツラにしてくれました。ズボンはどうしたかといえば、当時の日本には片足に両足が入ってしまうような太いものしかなかったけど、病院の車引きのおじさんの細いパッチを借りてくれたんです。

映画ではショパンは結核をやんでいて、自分は祖国の革命のために銃を持って立ち上がることはできないけれども、チャリティコンサートで命を捧げようと、ラストシーンで血を吐きながらピアノを弾くんです。当時は珍しい色彩映画でピアノが真っ赤になって、映画館は万雷の拍手で映画は終わる。それをやりたかった。

母親に聞いたら、「冷蔵庫にトマトケチャップがあるから、あれを水で薄めて、演奏中に吐き出せば、血に見える」と教えてくれました。それはいいやと思って、当日、演奏前にケチャップを薄めた血糊《ちのり》を口に含んで、演奏に合わせながら、見事な喀血《かっけつ》をして終わりました。次の瞬間、ぼくとしては万雷の拍手が来るはずでした。でも、なぜかしーんとしています。怖くて、客席を振り向けません。生徒や来賓は黙ったまま、みんな退場していくようでした。

ピアノを見ると、鍵盤はトマトケチャップで真っ赤です。ハンカチで拭いても、隙間に入ってしまって、取れない。くっついて、沈んだ鍵盤が浮いてこない。「とんでもないことをしてしまった」と。子どもは自分の失敗にいつも後から気がつくんですね。どうしたらいいんだろうと思っていたら、「のう、大林よ」と声がしたので振り向くと、副校長先生が立っていらっしゃいました。

「おまえのおかげで学校のグランドピアノはもう使い物にならんぞ。尾道市内に二台しかない稀少なピアノだけど、おまえにもわしにもこれはもう直せんわ。じゃがのう、これも道具じゃ。ショパンはこの道具を誰よりも愛して、熱心に技を磨いたから、今の時代にもショパンの平和への祈りは伝わってくる。おまえもおまえが信じる道を一所懸命努力して一人前のものになれば、このピアノはお役に立てたときっと喜んでくれるだろう。わしらにこのピアノを直すことは二度とできないが、このピアノを気高く、誇り高く幸せになったと思わせることはできるかもしれんぞ。おまえもそれを目指してみぃ」

副校長先生の話はそれだけでした。怒られも、叱られもしませんでした。その経験があったから、今でもぼくは映画を撮っていて、「カット」といった後に、あのピアノは許してくれたかな、と自分の心に聞いてみるんです。「否、まだだろう。もっと頑張らなきゃいけないな」と思って、映画を撮り続けているんです。

実はこの話には後日談があります。父親が亡くなる前に、「おまえに話さなかったがのお、母ちゃんにええ話がある。医者というのは貧乏で金にならんが、それでも母ちゃんはこつこつとおまえのために貯金をしてくれていた。ところがある日、今日は宣彦が学校のピアノを壊しますから弁償しなければいけないと、貯金を全部持っていったんだ。もちろん、弁償代にも足りん額だったけど、後は一生かけても払いますといっていた」と教えてくれました。

思い出してみると、仮装も血糊も母親の入れ知恵でした。学校のピアノに血を吐いたら、どうなるかなんて、子どもでもどこか頭の隅でわかっているわけです。でも、母親が楽しそうに勧めてくれたから、やることができたんだと思います。そして、それを副校長先生にも話した。「今日、うちの息子がピアノを壊します」と話したら、副校長先生も「おう、やれやれ、楽しみにしているぞ」と答えられたそうです。

当時はもったいないという言葉が盛んにいわれた時代です。物がもったいないのは当たり前だけど、子どもの将来を無駄にするのが一番もったいないと周りの大人たちは思っていたのではないでしょうか。それが戦争中を生きた先行世代の思いだったんです。ぼくに才能があるかわからないけど、親から見ると、こうやって映画や音をつくってしまうのは、この子にはその才能があると信じてくれたんでしょうね。その才能だけは自分たちが守ってやると思ってくれたので、今のぼくがいるとそう理解しています。だから、映画や音楽さえやっていれば、一生大人に叱られないで、好きなことをやって暮らせると思い込んでしまったんです。

これは後に父親が、自分のやりたいことをやるのが平和の証だから医者を継がなくていい、映画の道に行きなさい、といってくれたことにもつながっていると思います。

敗戦後の毎日は、ぼくにとって映画を観ることしか生きる意味はありませんでした。

当時、尾道には自転車で行ける映画館が九つありました。一週間で一館の上映は終わるので、毎週、月火水木金土土日日と九館巡って観ていました。しかも、どの映画館も、それぞれ二本立て、三本立て、なかには四本立てをやっていました。おまけに日曜日にはニコニコ大会といって、短篇映画やニュース映画の上映もあったので、年間にすれば五、六百本、どうかすると千本近い映画を観ていたと思います。

学校でも月に一回くらい、みんなで映画を観に行っていましたし、ぼくの担任の先生も映画が大好きで、授業中にもよく映画の話をしてくださいました。小学校時代から授業を抜け出して映画館によく行っていましたが、それを先生は許してくれました。代々医者の家系で親への信用があったため、見逃してくださっていたのでしょう。

洋画を専門にかけている「セントラル劇場」という映画館があったのですが、我が家からそこに行く途中に色町がありました。港町で人の出入りの多かった尾道には芸者さんや芸子が三百人ほどいたといいます。映画館に早く行きたいから、色町のある近道を駆け抜けていくと、置屋の二階の手すり越しに、風呂上がり風の清潔感のある浴衣《ゆかた》姿のお姉さんが「若《わか》さん、活動行くん？　ええねえ、私らも観たいけど、仕事よ」と声をかけてくるんです。あるときは、「大林！」と呼ばれるから、ふと見ると、担任の先生が同じ浴衣を着て、「おまえは今からあの活動を観るんかい。わしも後で行くから、話をしようや」と声をかけてくる。

そして映画が終わって明るくなると、後ろの座席に先生がいて、「どうじゃった」と聞いてこられる。「ぼくはこうこう」と説明すると、「そうか、わしはこう思ったな」といわれるから、「先生はその前のシーンを忘れているから、そう思うんですよ」と答えると、「じゃ、千光寺山《せんこうじ》に行って、もう少し話そうや」となる。それでも結論が出ないと、「じゃあ、今度、学校のみんなに見せて、議論しようや」となるんです。

毎日、映画館に行っているから、もぎりのおじさんとも顔見知りで、「おお、また若か。入れ、入れ」とただで入れてくれました。

当時のぼくは、どこでも「若さま」でした。尾道では生まれたときから、大人の近所づき合いの形が子どもの世界にもあるんです。どこまでいっても、ぼくは村上病院の「若さま」で、うちに出入りしている車夫さんの息子は、どこまでいっても車夫の息子。ぼくよりも成績がよくて、駆けっこが速くても、親の身分が低い子は、ぼくの子分なんです。親分子分しかない世界。今でも地元に帰ると、昔の同級生はぼくを若さまとして迎えてくれようとする。

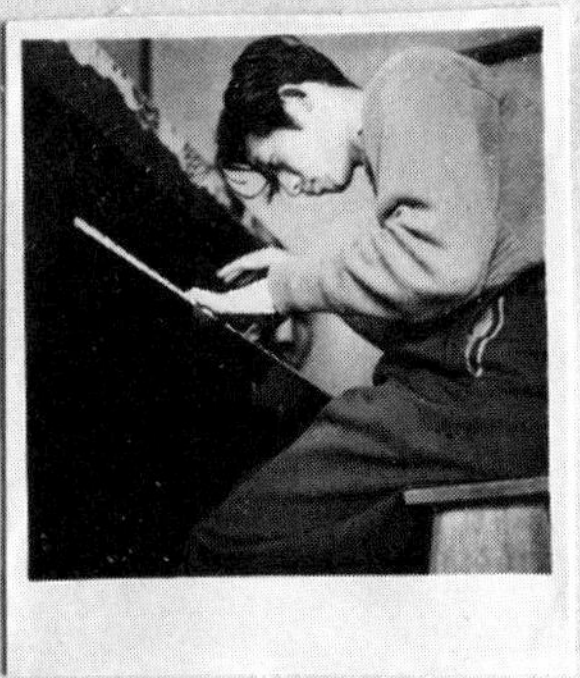

——ヴェエトオヴェンの
"月光ソナタ"……
"この頃は指もよく動いた"

だから、子ども時代に心を開いて話せる人間関係はなかなかありませんでした。親分として尊敬できるか、子分としてかわいい奴か、それだけ。対等な関係がありません。特別な存在として、客分みたいなものはできます。それが転校生。親友といえる人すべては、転校生ばかりでした。いわゆる「よそ者」こそ、平たくつき合える友達になれるんです。

小中学生の頃、大好きな映画の話をしても、子分が「大林君、あの映画はどういう意味ねえ」というから、「こうだと思うよ」と返すと、彼は「なるほどなあ」と黙ってしまう。ぼくが「君はどう思う」と聞いても、「ぼくの意見をいってもいいの。ぼくはこう思うけど、きっとぼくのが違って、君のが正しいよね」となってしまうから、対等な会話にはならない。いつでも親分子分の関係。子ども時代にそういう人間関係しか築けなかったのは、今でもぼくの大いなるコンプレックスです。きっとぼくは、大層いやなガキだったことでしょう。

やはり育った尾道が大きな影響を与えていると思います。極端な表現かもしれないけど、当時の尾道にはカーストのようなものがあり、住む地域によってきれいに色分けされていました。線路より上の斜面に住んでいるのは山の手。お金持ちや上流階級の家です。ぼくが生まれ育った母の実家もそこでした。

そして、今は国道になっているところが、戦争中は民家が並び、そこが下町でした。戦時中、強制的に立ち退きさせられたから、本当の尾道の古い下町やカースト制はもうありません。その下が昔は商店街で、いわゆる商人たちの町。海岸に行くと、漁師町になる。当時は海岸の先には船上民族もいました。文字通り舟の上で暮らしている人たちです。海岸には何十艘も舟が並んでいて、その舟の中が住居になっているんです。舟の後ろに二枚板が出ていて、そこでトイレをする。高校生ぐらいまでは女の子も裸ですからね。「おお、今日は生理だ、血が出とらあ」とか若い娘が平気で話しているんです。

言葉もそれぞれの地域で少しずつ違う。言葉が通じないから、カーストみたいな区別ができてしまうんです。そんな町だから、小津安二郎監督の名作『東京物語』は、地元ではきわめて評判が悪い。登場人物が薄汚い平屋に住みながら、山の手の良家の家族のような話し方で会話をしているから、尾道の人たちはこんなバカな映画があるかとなってしまう。あんな暮らしをしている人はあんな言葉は話さないと。でも、本当はそういう人たちが使う言葉ではないけれど、あえて広島生まれの新藤兼人さんが方言指導について、小津さんがそうすることで、不思議なフィクションになっている。それが、映画の面白いところなんです。

昔の尾道の庶民も権力嫌いの自由人だから、むしろカースト制を逆手に取って楽しんでいた。例えば、みんな各々の地域で自分が一番だと思っているんです。下に住んでいる人間は、山の手に住む金持ちの家を小バカにして、「走らせたら、わしのほうがうみゃあぞ」とか。「あの坊《ぼ》んさん見たれ、歳取っても山の上に住まにゃあならんから、頑張って上がっていく姿は滑稽じゃあ、見てられんぞ。わしだったら、五段飛びで上がるぞ」とかいいながら、うやうやしく手を合わす。地域それぞれが、みんな威張り合って譲り合っている。

結婚後、尾道で妻の恭子さんが菓子折を持って「つまらないものですが」と近所に挨拶に行ったら、「どうして、あんた、つまらんもん持ってきた」「ええもん持ってきさんしゃい」と追い返されてしまったんです。儒教の精神が育たないところだから、つまらんもんといったら、本当につまらんもんを持ってきたと思われてしまいます。

上京して大学に通いはじめてからのことですが、今でも忘れられない出来事があります。友人と東京のお坊ちゃんの家に初めて招かれたときのことです。洋風の小じゃれた家に着くと、着物姿のお母さんが銀盆にサントリーのホワイトを乗せて出してくれたんです。

当時、サントリーのホワイトは安価でよく飲まれていましたが、ぼくは自分の下宿に遊びに来た友達には出しませんでした。安価だから、友達が来たときに勧めるのは失礼と思っていたんです。自分は安酒を飲んでも、友達が来たら高い酒を出すのが、尾道の気質なんです。

サントリーのホワイトが三本ずつ、二回に分けて運ばれてきて、合計で六本。ぼくたちも六人。ちょうど人数分並びました。さすが都会の人はすごいもんだ。一人一本ずつ飲めるぞ。それならば、高価な酒ではなくても、我々若者には世間的にはちょうどいいのだろうと納得しました。でも、ちょっと色が変だと思いながら、大きなコップになみなみとついで飲んだら、中身は塩味の麦茶なんです。田舎ものだと思って、からかわれたんだと逆上しましたね。人を招いておいて、砂糖ならともかく、塩が入った麦茶を出すとはとんでもない家だと。

そのことを恭子さんに話すと、「あなた、それは都会のもてなしよ」といわれて、またびっくりしました。「都会のいい家庭はそうなのよ。質素で。うちだって、そうよ。みんなに平等に冷たい麦茶が出すのが、一番いいもてなしなのよ。ホワイトの空き瓶は冷蔵庫に入れるにはちょうどいいから、周りもみんなしているわよ」と説明してくれました。

尾道なら、こういうふうにはいきません。「わしは金を持っているんだ。砂糖があるんだぞ」ということを見せびらかすためにも、お大尽《だいじん》のもてなしをしてしまう。サントリーのホワイトに塩入りの麦茶を出すのは、暑いときには塩分を取らなければという思いやりです。でも、見栄っ張りの田舎の人間にはそんな思いやりは通じません。

だから、ぼくは自覚症状として、なんてふてぶてしい、思いやりのない、自分勝手な田舎ものなんだろうというコンプレックスが常にあります。田舎のお大尽の文化に対して、サントリーのホワイト事件は、都会の一種の割り勘文化の象徴なんです。

田舎もんのぼくは、未だに誰とも割り勘ができないんです。イラストレーターの和田誠さんとは長いつき合いなのですが、割り勘ができません。それで、「和田さんたちが割り勘するのがうらやましい」と彼に手紙を書いたことがあります。

「生きているうちに一度でもいいから、町中《まちなか》で偶然会って、お茶でもしようかといって、映画の話を少しして、お互いに時計を見て、ああ時間だ、じゃあねと、自分のコーヒー代だけ出して、またどこかでひょっこり会うような友達になりたいですね」と。

プロとアマチュアの違いをぼくにいわせると、プロはスニーカーを履いてすたすた歩いて、友達と会っても、「やあ」と声をかけて、割り勘ができる人なんです。ぼくが都会に出てきたときには、もう和田誠さんはプロでした。ぼくが親しかった寺山修司もプロ。やっている仕事をお互いが尊敬し合っている、プロです。当時、八ミリキャメラを回すだけの田舎もんはぼくだけでした。ぼくが自分をアマチュアだといって頑張っているのも、そうしたプロの関係にコンプレックスを持ち続けているからなんです。アマチュアで田舎もんのぼくは、ぐじゅぐじゅと混沌した中で、君のことも彼のことにも怯えながら、ぐだぐだ考えながら、今日まで生き続けてきたんです。「権力志向は田舎だもんだ。嫌だね」と自覚しながらね（笑）。

終生アマチュアの映画作家

代々医者の家系に生まれ大人になったら医者になることを運命づけられていたぼくが、なぜまったく畑違いの「映画作家」になってしまったのか。この歳になって思えば、それも映画的なつじつまが合っているのかもしれません。

物心がついてから映画漬けの日々でしたが、プロの映画監督になることは一度も考えたことがありませんでした。蔵で見つけた活動写真機でアニメ作品をつくって以降、自分で脚本を書いて映画を撮っていましたが、それはあくまでも趣味でしていたことに過ぎません。大人になったら何になろうかと考えるより、ごく自然に医者になるものだと思っていました。

そこで、医者になるために、東京の慶應義塾大学医学部を受験することにしたんですが、この選択自体がすでに自分の心のどこかで進路に対して迷いというか曖昧な気持ちがあったのかもしれません。というのは、尾道にずっと住んできた少年にとって、東京は虚構の世界だったからです。

真剣に医者になろうと思っている同級生は、地元の広島医科大学か京大、阪大を目指していました。大学で医学を学んで地元に帰り家業の医者を継ぐというリアリティは、ぼくにとっても関西圏まで。にもかかわらず、東京の大学を選んだということは、ぼくの中では医者になるということが虚構になり始めていたのかもしれません。

そんな気持ちで受験をしたからかもしれませんが、入学試験の一日目の途中で受験会場から抜け出してしまったのです。東京の日吉にある慶應大学の受験場で、窓の外の緑を見ていると、ふと、今この教室からあの窓の外に出たらどうなるだろうという考えが浮かんできました。そう思ったら、残りの試験をやめて、自然と教室から出ていたんです。ああ、ぼくは医者にならないんだなと、心のどこかで思いました。窓の大きさ、形が、ちょうどぼくの子ども部屋のスクリーンサイズでした。「おお、教室から逃げるのではなく、映画の世界へ入ってゆくのだ」と納得してね(笑)。

その後は、そのまま日吉から渋谷に出て、地下鉄で浅草まで行き映画を観て、翌日の試験も当然行かず、一日中映画を観て過ごし、尾道に帰りました。

帰宅後、ぼくが父に「試験を途中でやめたよ」と告白すると、「じゃあ、おまえは医者にならないんだな。何になるつもりだ」と穏やかに聞いてくれました。

ぼくの口から咄嗟に出てきた言葉が、「映画をつくる」でした。

このとき初めて、ぼくは映画で生きていこうと強く意識したんだと思います。でも、今のような情報社会ではありませんので、田舎の少年のぼくは、映画会社に入って映画監督になるというシステムさえ知りません。もちろん自主映画監督という言葉も存在しない時代でしたから、映画をつくって生きるということが具体的にどういうことかは自分でもよくわかっていませんでした。

医療の世界で生きてきた父親も同じだったかもしれません。にもかかわらず、代々続いた医者を継ぐことをやめるのを認めてくれたのは、やはり父親が戦争体験者だったからでしょう。岡山医科大学を首席に近い成績で卒業し、将来を嘱望《しょくぼう》されて研究室に残った父親は、ずっと研究を続けていきたかったのだと思います。でも、戦争があったため研究者のキャリアを断念せざるを得なかった。そして、戦後、復員してからは妻の実家の村上病院を継いで、地元の医師として一生を終えました。そんな父親だから、息子が映画をやるなんてとんでもないことをいいだしても、自分で選んだ進路だからと応援してくれたのだと思っています。

ぼくの母親は男二人、女五人の七人きょうだいの次女。女はみんな下に子が付く普通の名前ですが、うちの母親だけが千秋という当時としてはモダンな名前でした。医者やその嫁になるのが当たり前と思っていた他のきょうだいと異なり、母親だけはその名前にふさわしく新しいことが大好きで、若い頃から小説を書いたり、作曲したりして、世が世なら東京に行って、女優か作家になりたいと思っていたようです。しかし、医者の家系に生まれた運命。父親と結婚し、専業主婦として一生を過ごしたわけです。だから、ぼくが映画をやりたいといったとき、何か自分に似たものを息子が持っていると感じて認めてくれたのでしょう。

ところが、肝心のぼくは「映画をやる」と決めたのはいいですが、何をどうしたらいいかわかりません。それで、とにかく東京に出れば映画館はいっぱいあるし、毎日映画を観て暮らせると、名目上は東京に行って浪人生活をすることになったんです。上京するため山陽本線で父親の出た大学のある岡山を通り過ぎるときは、さすがに心が痛み、涙が出てきました。

東京に出て一年間浪人をしているあいだは毎日、映画を五本ずつくらい観る映画漬けの日々でした。それでも、どこか大学に行かなければいけないだろうと思っていた頃、自転車で散歩をしているうちに見つけたのが、武蔵野の雑木林の中に建っていた成城大学です。

瀬戸内の明るい空と海ばかり見て育ったぼくが憧れていたのは、ヨーロッパ映画に登場するような深い雑木林ときれいな川が流れ、舗装された道に囲まれた小さな町。初めて見た成城大学やその周辺の町並みはまさに映画でしか知らないような風景でした。しかも、そこには映画学科があった。これで決まりです。翌年に文芸部芸術コース映画科を受験して入学したわけです。文芸学部の合格者は百人という、楽しい学校でした。

当時の成城大学は、学生数は少なかったですが、個性的な若者がたくさんいました。銀杏《いちょう》並木から続く校門を入った奥にコンクリート造りのトイレの建物があり、その屋根の上にいつもぼくたちが「シャー先輩」と呼んでいた四年生の西さんがいました。夏は木が生い茂って涼しいし、冬は木の葉が落ちて日だまりになります。そこにシャー先輩はいつも一人で座っているんです。それを実行しようとすると、誰よりも早く学校に来て、みんなが帰ってから帰らなければならない。大変な苦行です。でも、それが彼のアイデンティティなんです。彼の持ち物は原稿用紙と鉛筆、それにたばこと吸い殻を捨てる金盥《かなだらい》。そして、トイレの上にいるにもかかわらず、降りてこないから必要となる尿瓶《しびん》。シャー先輩が恋に落ちたときは素敵でした。件《くだん》の女の子も朝早くから来て、先輩につき合ってずっと二人で座っているんです。

ぼくのアイデンティティはといえば、講堂のグランドピアノの前でした。学校に行くと、グランドピアノ（ああ、血まみれのグランドピアノ！）の上に八ミリキャメラを置いて、一日中クラシックから映画音楽、シャンソンまで即興で弾いていました。

八ミリキャメラは、ぼくが東京に出てくるときに父親が餞別《せんべつ》代わりにくれたものです。当時やっと国産の八ミリが発売された頃で、ごくごく限られた人がする道楽。父親が八ミリキャメラを回していたのは知っていましたが、ぼくの蒸気機関車の活動写真は三十五ミリで、まったく別物と思っていました。ですから、父親から譲り受けたときも、「そんなおもちゃみたいなものじゃ、映画はつくれない」といったくらいです。

当時はモノクロオムのフィルムの全盛期で一巻が四百円。カラーもようやく出てきて、二千円ほどでした。家賃が一畳二食付きで千円の時代でしたから、自分では高くてとても買えません。手元にあるのは、父親からもらった三ロールのフィルムだけ。そのため、今日一コマ、明日一コマと、一コマずつ撮影し、一ロール三分半で約十分のフィルムを数年かけてちびちびと使いました。

大学でぼくがピアノを弾いていると、それを目当てに四、五人の女子学生のグループが集まるようになり、彼女たちを一コマずつ撮影していました。その女子学生の中にのちに妻となった恭子さんもいて、自然とグループ交際をするようになりました。

彼女は一級下の英文科の学生でしたが、ゼミが一緒。成城は校舎がいくつか分かれていて、一つの教室から一つの教室へ一年生から四年生までがぞろぞろと移動するんです。教室から教室に行く途中の雑木林に、大人二人が並ぶと肩と肩が触れ合うくらいの道幅で、ものの二十歩も歩けば、通り過ぎてしまう小道がありました。

ある日、いつものようにその小道を歩いていると、たまたまひょっと気づいたら、隣に恭子さんがいました。なぜかそのときにぼくは今、自分の人生で一番大事なことをいわなければいかんぞと予感が働いたんです。直感ですね。

思わず「ねえ、ぼくと結婚しない?」とぼくはいいました。

その小道は、尾道の海の底に潜って上を見たときにキラキラするのと似ていて、歩みを進めると、木々の間から澄んだ光が差し込んできました。ああ、きれいだなと思っていると、ものの十歩くらい歩いたら、海の外に出てしまった。つまり、小道が終わってしまった。あっ、これで夢の世界が終わったんだと思いました。

その日、二人はそれ以上何も話さず何ごともなく帰ったので、ぼくもすべてなかったことと思い、翌日も普段通りに学校に行って講堂でピアノを弾いていたら、校庭の明るいところをぴょんぴょんと跳びながら走ってくる恭子さんが見えたんです。ぼくのところまで来ると、

ピアノの上に手を突いて、「昨日の話ですけど」というので、ぼくはもう終わったことと思っているから、「え、何だっけ」と返事をしたら、「昨日の話ですけど、答えは『はい』です」と、彼女はまっすぐな目で見つめてきました。

そして、「私も結婚については十八年、毎日のように考えてきましたから、答えは決まっています」とはっきりと答えたんです。それで、ぼくも「ああ、そうかい」ということで、そのまま手をつないでぼくの下宿に戻って一緒に暮らしだしたんです。

それからはぼくの下宿で「同棲生活」です。当時はまだそんな言葉もありませんでしたが。ぼくが十九歳で、恭子さんが十八歳です。近所の人は兄妹が一緒に住んでいると思っていたんじゃないでしょうか。入籍はしばらくしませんでしたが、両親には一緒に暮らしていることを報告していました。

彼女がぼくとの結婚を即断できたのは、彼女自身のお父さんの影響が大きかったのだと思います。彼女の父親はぼくの父親よりも二十歳くらい歳上、明治の人でした。当時日本を代表する大企業だった住友銀行の役員で、日本ロータリークラブの創設に尽力した一人です。長男を特攻予備隊で亡くし、東京の自宅を空襲で焼失したこともあって、生まれ故郷の秋田に疎開し、古里の山々に桜の木を植える活動をされて晩年を過ごしました。彼女によると、父親から「エポックメイキング」とか「フロンティアスピリット」という言葉を聞かされて、自由や独立心の尊さを教え込まれて育ったそうです。

これは随分後でわかったことですが、うちの父親も尾道でロータリークラブの会長をやっていて、あちらは秋田のロータリークラブの会長で、そこで実は親交の芽があったようです。ぼくの父親は、二人が一緒に暮らしているなら、結婚させなければいけないだろうと、知らないうちに恭子さんの父親に手紙を出していたんです。そこには「我が家の息子とおたくのお嬢さんを一緒にさせてやろうと思います。ただしこれは、息子個人とお嬢さん個人の結婚の話ですから、家と家の結びつきではありません。従って、結納その他、一切差し上げません。子どもも自由に一緒にさせます。うちの息子は今はまだ食えもしない八ミリキャメラというものをしていますが、この平和な時代に我が道を進んでくれれば、きっと平和の歴史に名を残す表現者となると父親としては信じていますので、お宅のお嬢さんと一緒にさせてください」と書かれていました。

恭子さんの父親もそれに感動して、ぼくたちの結婚を許したようです。

恭子さんはぼくと一緒になるとき、一生、売れない小説家の女房になると覚悟を定めていたらしいです。当時、八ミリや十六ミリではとても食べていけません。そもそもそんな職業もありませんでした。だから、表現好きの若者としては、絵を描いたり、音楽もやったり、小説を書くしかありません。成城には作家の大岡昇平《おおおかしょうへい》や詩人の富永太郎《とみながたろう》、中原中也が参加していた『白痴群《はくちぐん》』『山繭《やままゆ》』という同人雑誌の流れがあり、それを受け継いで『狂童群《きょうどうぐん》』や『繭』という同人雑誌をつくり、ぼくもそこに小説を発表していました。当時、『文學界』に掲載されていた「同人雑誌評」という欄に無名時代の作家の佐木隆三《さきりゅうぞう》さんと並んでぼくの小説も批評が載っていましたね（笑）。

学生時代は好きな小説を書いたり、演劇部や音楽部に顔を出したりしながら、八ミリを持ち歩いて一コマずつ撮るという生活をしていたのですが、フィルム代を稼ぐために撮影のアルバイトも始めていました。当時、映画館では映画を上映する前に必ず商店街のＰＲ映画が流されていたんです。そういう映画は独立プロのプロデューサーやキャメラマンの仕事でしたが、知り合いからぼくも声をかけられました。それで、授業をサボって、経堂《きょうどう》から始まって下北沢、阿佐ヶ谷まで、杉並や世田谷あたりの商店街のＰＲ映画を撮っていました。そうして稼いだお金で、今度は自分の八ミリ映画を撮っていたんです。

「映画をやる」と宣言して、子どもが東京に出ていきましたから、両親は当然、東映や日活にでも入ると考えていたと思いますが、ぼくにはそういう発想はありませんでした。当時、映画監督がエリートの時代。東大、京大、早稲田ぐらいを卒業していないと、入社試験も受からないと東京に来てからわかりました。それに、田舎もので伝手《つて》もないから、映画界には入れないと諦めていましたが、ただ観るだけは全部観てやろうと、一九六〇年代までは日本の映画や日本で見られる海外の映画はすべて観ていたと思います。これがぼくの大きな財産になりましたが、自分でつくる映画は八ミリしかないかと思っていました。

恭子さんと一緒に暮らしていた下宿は、祖師ヶ谷大蔵《そしがやおおくら》の東宝撮影所の裏にありました。当時、各映画会社はみんな撮影用セットの銀座を持っていて、東宝の撮影所内にも東宝銀座というのがありました。近所の住民もそこまでは入れたので、ぼくも裏門から入って、東宝銀座でよく遊んでいました。

夜中でも撮影所の空は真っ赤で、一晩中、「よーい、スタート」という威勢のいい声とカチンコの音、そして全力で駆け回る役者やスタッフの声が響き渡っていました。今なら、近隣からの苦情でとてもできないでしょうが。それを下宿の二階の部屋から眺めるのが、ぼくの楽しみでした。そこはたまたま黒澤明監督などの映画の音楽を担当した早坂文雄《はやさかふみお》さんという作曲家が亡くなられ、そのお嬢さんたちが開いた下宿だったんです。一階には姉妹二人と弟さん一家が住んで、二階に貸間が三部屋ありました。四畳半の部屋で食事抜き四千五百円。トイレと洗面所が共用で、もちろん風呂なんかありません。お姉さんはオペラの歌手になられて、いつも歌声が一階から聞こえてきました。一方、ぼくは当時貴重だったLP盤のステレオを購入して、一日中クラシック三昧《ざんまい》。窓いっぱい開けて、ご近所さんにもお裾分け(笑)をしていました。さぞうるさかったでしょうね。

ぼくの部屋の隣にいたのが、当時珍しかったおかっぱ頭にズボンをはいた女性で、絵描きさんでした。朝な夕なにぼくの窓を「こんこん」とたたく音がするんです。二階なのに、外からです。見ると、とんぼ釣りの網が出ています。それが「たばこを持っている？」という合図で、たばこを二本入れてあげると、網がするすると引っ込んでいく。あるとき、「こん！こん！」といつもより強い音がするので覗いたら、いがぐり頭の男がいました。「あっ、間男が来てるのか」と思ったら、映画監督の東陽一《ひがしよういち》君でした。互いに無名時代ですけど。

そんなことで、東君とはたばこをやり取りする窓越しの友になりました。彼とぼくはほぼ同世代で、同じように映画に携わっていました。同じ映画といっても、ぼくはアマチュアの八ミリ、彼はPR映画の現場で十六ミリを撮っていました。

しばらくしてお隣は二人揃っていなくなったと思ったら、その部屋に次に入ってきたのが、東宝のシナリオライターの平田穂生《ひらたさきお》さんという男性。当時は平田アキラと名乗っていたかな。たぶん黒澤明監督からこっそり戴いたんだと思います。東宝ではまだ一本もシナリオが映画化されていないことを自慢していました。ユニークすぎたんですね（笑）。

その彼から「大林さんは八ミリを撮ってるんだって」と聞かれたんです。当時の八ミリといえば、アマチュアもいいところですから、なぜそんなことを聞いたのかなと思ったら、「ぼくと八ミリ映画をつくりませんか」と誘われました。東宝のシナリオライターがぼくと八ミリを撮るのか、それは面白いとなって。それで撮ったのが、ぼくの作品で初めて世に出た『だんだんこ』（一九六〇年）という作品です。

当時は日本中が開発ブームで、あちらこちらに山を切り開いて、団地ができていました。東宝のすぐ脇にも団地が開発されて、だんだんになった土地があった。野原にだんだんだけがある風景が、今の日本を象徴しているということで、そこを舞台に映画を撮ったんです。だんだんに子どもが一人いて、その子は戦争の落とし子のような、光と影の影だけの存在。一日で撮影して、十分くらいの映画にしました。

平田さんには奥さんと娘さんがいて、『だんだんこ』にはその二人に出演してもらいました。でも、撮影後に離婚してしまったので、妻の恭子さんと話して、恭子さんのお姉さん、つまりお義姉《ねえ》さんと結婚させたらという話になったんです。恭子さんの姉はお茶の水女子大出の秀才で、児童文学者・教育心理学者の波多野完治《はたのかんじ》さんの妻の波多野勤子《いそこ》さんの右腕として働いていました。義姉は勉強ばかりで、生活感のまるでない人だったので、恭子さんが姉の身の回りの世話をしていました。そのため、ぼくと恭子さんはすでに同棲生活をしていたのですが、夕方になると彼女は家に帰らなければなりませんでした。

それで、「隣の平田さんは東大出だし、お義姉さんはお茶女子大出の秀才だから、頭のいい同士で合うんじゃないか」となって、お義姉さんに「平田さんとデートしませんか」と提案すると、すぐに「ＯＫ」の返事。それで二人でデートをしたのですが、なんとその夜にもう結婚を決めてしまいました。そのときにお義姉さんは「恭子さんたちもこういうことをしているのかしら、ならいいわね」と決断したんだそうです。それで後に生まれたのが、劇作家となる平田オリザ君です。

そのオリザ君のお父さんと撮った八ミリ映画『だんだんこ』をフィルム会社や雑誌の主催するコンクールに出品しましたが、どこにも入選しませんでした。こういう作品を入れる基準がなかったんです。当時は「山川地蔵」といっていたけど、ＮＨＫの新日本紀行的なものを撮るのが、良心的なアマチュアの作品でした。だから、ぼくのようなアーチスティックな作品は入る場所がない。いい悪いを超えて、審査の基準がなかったんです。

当時、ヨーロッパでは若い映画作家たちが二十分くらいの短篇映画をつくり、それを認められたら長篇映画に進出するというシステムが確立されていました。アラン・レネやルイス・ブニュエル、ロマン・ポランスキーなどがそうしてデビューした作家で、ぼくも彼らのようなインディペンデント（自主製作）な映画づくりに共感して、大学時代から短篇映画を撮っていたんです。

そんなとき、高橋徳行《たかはしのりゆき》さんという雑誌『小型映画』の編集長が、「日本にもインディペンデントな映画づくりをしている人がいるから、彼らを集めて上映会をやろう」と提案したんです。それで集められたのがぼくと高林陽一《たかばやしよういち》君、飯村隆彦《いいむらたかひこ》君、そしてドナルド・リチーさんでした。

四人はそれぞれ名前も顔も知りませんでした。高林君は京都の着物デザイナーの息子で、お父さんはカメラ道楽の人。彼も八ミリを手に入れて、温厚な山川地蔵映画をつくる仲間たちに見守られ、自分はアーチスティックな映画も撮っていました。飯村君はまだ無名の赤瀬《あかせ》川克彦《がわかつひこ》（原平《げんぺい》）さんや小野洋子《おのようこ》（オノ・ヨーコ）さんといった現代アーチストと交流を持ちながら、現代美術のアプローチで八ミリをやろうとしていました。ドナルド・リチーさんは、黒澤明や小津安二郎などの日本映画を研究し、世界に紹介した映画評論家ですが、その傍らでユーモラスで実験的な八ミリ映画を撮っていました。

高林君と飯村君とぼくとは歳が近かったこともあって、会った瞬間から気が合い、上映会の後も四六時中一緒に活動するようになったんです。ぼくが以前から手がけていた商店街のPR映画も彼らと一緒にやるようになりました。

ちょうどその頃からテレビのコマーシャルが始まって、商店街のPR映画よりもギャラがよかったので、高林君と飯村君と三人でつくり始めたんです。初期の伊豆半島の旅館のコマーシャルは三人でほとんどやりました。見栄えがするからお金がもらえるだろうという理由で、ドイ・ミッチェル製の鉄のかたまりのような大きな十六ミリのキャメラを買いました。それを高林君が持っていた、閉めたら開かなくなり、開けたら閉まらなくなるドアの壊れたルノーに載せて。照明道具は一キロのランプを一つだけ。飛び込みで、「おたくのコマーシャルを撮らせてください」と、ホテルや旅館を訪ねていくんです。

頼まれ仕事ではないから、内容は自由。製作費は三万円で、みんな平等に一万円ずつもらうわけです。行く先々で監督とキャメラマンと照明それぞれが担当を替わってね。自分たちで企画を立て、営業して、それを撮影して、フィルムをテレビ局に持ち込む。すると、テレビ局も深夜にそのままオンエアしてくれる。当時、旅館のコマーシャルはテレビ放送が終了する直前に一度だけ流されていました。

伊豆のある旅館のコマーシャルをやったとき、とんでもない失敗をしました。映像はまず伊豆の道路を車が走って、旅館の前に着くと、お客が降りてくるところから始まります。すると、女将《おかみ》さんや仲居さんが迎えてくれて、みんなでエレベーターに乗る。エレベーターのドアが閉まると、次のカットですぐドアが開き、三階の部屋へ入り、料理を食べ、お風呂に入るという設定でした。

ところが、オンエアされたCMを観ると、エレベーターのドアが閉まったまま、なかなか場面が替わらない。そのままで音楽が流れて、ナレーションも全部終わってしまった。どうなっているんだと思ったら、数分して、再び映像が動きだし、音がないまま三階のドアが開いて、料理を食べ、お風呂に入って終了となりました。

何が起こったかといえば、前半を高林君、後半をぼくが編集して、途中を切らなければいけないのに、互いに相手がやってくれると思って、途中のシーンが残ったままだったんです。映写機にかけると、フィルムに傷が付くので、完成品を見ていませんでした。それをテレビ局もそのままオンエアして、誰も何も文句をいわなかった。旅館の人から「エレベーターのドアが長く映ってましたな」といわれただけ。今にして思えば素人集団でしたが、誰もコマーシャルというものをよくわかっていなかったので許されてしまった。そういう時代です。

そんな半分お遊びのような毎日を過ごしていたのですが、飯村君と開いた自主映画のイベントでぼくの人生は大きく変わっていきました。あるとき飯村君が「もう新しい時代だから、映画も映画館で観なくてもいいよね。画廊を借りて白いキャンバスに俺たちの映画を映そうよ」といいだしたんです。ぼくと高林君は映画館育ちで、スクリーンに映すことしか考えなかったけど、飯村君は美術関係のアバンギャルドな友達がいたので、そんな奇抜なことを思いついたんです。「それは面白いね」となって、彼の紹介でさる内科医が経営している新橋の「内科画廊」という十畳くらいの画廊で八ミリ映画の上映会をしたら、若者の大行列ができ、ちょっとした事件になりました。

当時、若者は日本映画には興味が薄れてきていて、あまり観なくなっていました。そんなとき、「面白いことをやっているぞ」と、今でいう口コミで広がって、どんどん行列ができたんです。これを美術評論とか図書新聞とか、前衛系の新聞や雑誌が「新しいフィルムアーチストの時代が来る」と取り上げ、「大林宣彦」という名前が初めて世間に出ました。

ぼくも「フィルムアーチストか、映画監督なんていってるより、かっこいいぞ」「おれはフィルムアーチストとして生きてやろう」と決意しました。ただフィルムアーチストは美術用語ではかっこいいけど、職業名ではありません。それならと、自分は画家や小説家のように自分一人で映画をつくる人間だから、映画作家と名乗ろうと思ったんです。それでつくった名刺が、今も使っている「映画作家　大林宣彦」でした。当時は名刺をつくるのが、大人になる第一歩だったんです。

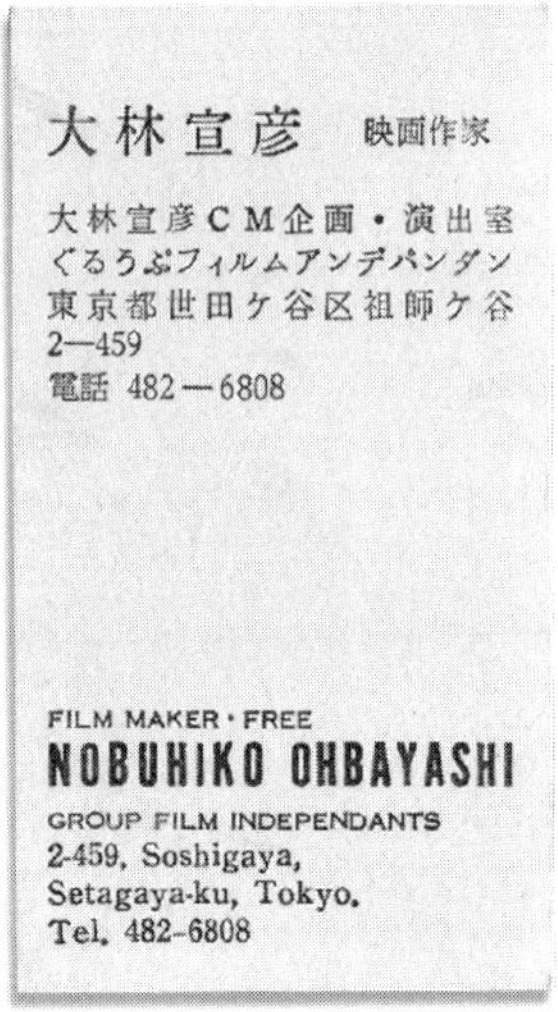
大林宣彦　映画作家

大林宣彦ＣＭ企画・演出室
ぐるうぷフィルムアンデパンダン
東京都世田ケ谷区祖師ケ谷
2—459
電話 482—6808

FILM MAKER・FREE
NOBUHIKO OHBAYASHI
GROUP FILM INDEPENDANTS
2-459, Soshigaya,
Setagaya-ku, Tokyo.
Tel. 482-6808

一九六四年、新宿に紀伊國屋ホールという新しいホールがオープンし、その第一回の催し物として「フィルム・アンデパンダン」というイベントが開催されました。そこで飯村君が二分間のショートフィルムショーをやろうと提案し、百二十秒の映画を募集したんです。映画は一時間半もしくは二時間内外のものを映画館でやると決まっていた時代に、大きなホールで百二十秒の映画をやるというのはとても斬新なことでした。

これに参加したのが、赤瀬川原平さんや小野洋子さん、草間彌生《くさまやよい》さんなど、錚々《そうそう》たる顔ぶれです。刀根康尚《とねやすなお》さんという音楽家は、ストップウォッチのアップが映って、カチャッと押すと、針が二回回るだけの映像作品を発表しました。これが、当時は大喝采でした。商業映画の監督は当然のように参加しなかったのですか、記録映画で名を成していた東陽一さんや記録映画の世界の重鎮野田真吉《のだしんきち》さんらが参加してくれました。第一部が百二十秒フィルムで、第二部に短篇映画を集めました。ぼくは、その第二部に十六ミリで『complexe＝微熱の玻璃《はり》あるいは悲しい饒舌《じょうぜつ》ワルツに乗って葬列の散歩道』という十五分ほどの短篇を出品しました。

「映像の新時代が到来した」と、このフィルム・フェスティバルは大変な評判となり、たくさんの人が集まりました。その中に電通や博報堂といった広告代理店の人もいました。今でこそ広告業界は若者たちに人気のおしゃれな職業となりましたが、当時はまだ認知度も低い裏方の仕事。テレビのコマーシャルをつくっている人たちも、スポンサーを訪ねると、裏口から出入りさせられるという、今では想像できないほどひどい扱いでした。もちろんクリエーターという誇りなど持てるはずもありません。

そんな状況を変えたいと思っている広告業界の若い人たちが、フィルム・アンデパンダンを視察に来ていて、こんな映像を撮る人たちとならコマーシャルの世界でも何か新しいことができるのではないかと声をかけてきたんです。当時は若手でしたが、後に局長までなられた同い歳の電通の小田桐昭《おだぎりあきら》さんと出会ったのも大きな出来事でした。

最初にアンデパンダンの会場で出会った電通の人はぼくに名刺を渡して「電通という会社でコマーシャルを撮っている者です」といったとたん、ぽーんと後ろに一メートルくらい飛びのいたのです。「どうしたんですか」と聞いたら、「先日、映画関係者にそういったら、蹴飛ばされたんです。『バカにしてるのか。おれたちはテーマがあるものをやっているが、コマーシャルにはテーマがない。そんな仕事をやると思うのか』と怒鳴られました」と。

ところが次いで会った小田桐さんは、「あなたは映画をやっているけど、ぼくはコマーシャルを専門にやろうとしている。ぼくは生涯を懸けてコマーシャルを世界に誇れるジャーナリズムにしてみせようと思っています」と挨拶されました。彼は生き生きとして何か新しいことをやろうというエネルギーに満ちていました。それで、ぼくは「そうか、そういう時代が来たのか。では、この人とつき合ってみようか」と、本格的にテレビコマーシャルの世界に入っていったんです。

今では信じられませんが、当時、土橋《どばし》の高速の下にあった電通本社は、木造二階建ての貧相な建物でした。初めて遊びに行ったとき、清涼飲料水のキャップを送ると景品がもらえるというコマーシャルのコマ撮り撮影をしていました。しばらく様子を見ていましたが、あまりにもヘタだったので、「ちょっとやってあげる」と、キャメラを借りてぼくが撮ってあげたら、その完成したコマーシャルが、結局、以降七年間も使われることになりました（笑）。それがきっかけで、「何でもいいから、遊びに来てください」となってしまったんです。

最初はギャラの基準がわからないから、一本撮ると、二千円もらいました。でも、次は四千円、八千円、二万円、四万円、十万円、二十万円、三十万円。ものの二、三ヶ月で、五十万円くらいまでギャラが上がっていきました。むこうも基準がないし、この人を捕まえておかなければと思うから、ギャラがどんどん上がっていったんですね（笑）。

電通の人からは「とにかくヒーローになってください。ギャラをたくさん取ってください」と最初にいわれたのですが、本当にそうなりました。そのギャラでぼくは念願の十六ミリのキャメラを手に入れて、一九六六年に『EMOTION＝伝説の午後・いつか見たドラキュラ』という自主映画をつくりました。この作品は、翌年、コマーシャル撮影でアメリカに渡った際に、ロサンゼルスとサンフランシスコで開かれていた「ジャパニーズ・アンダーグラウンド・ムーヴィー」というフェスティバルで上映されていて、「日本から独立映画作家、大林が来た」と新聞でも取り上げられました。日本ではアマチュアでしかないぼくの映画が、映画の本場アメリカで評価されたのですから、すごくうれしかったのを覚えています。

当時はコマーシャルと自主映画を行き来していましたが、ぼくはジャンルで映画を考えたことがありません。コマーシャルを撮り始めたときも、新しい一分の短篇映画がやれそうだな、スポンサー付きの短篇映画を撮れるぞと思ったぐらいです。二分のコマーシャルだとすると、最後の十秒だけ商品が写っていればいい。一分五十秒は大林さんの作品です、と広告関係者もいってくれていました。

だから、金儲けのためにコマーシャルを撮ったことは一度もありません。楽しいからやっている。お金は後から付いてくる。実際、撮影したコマーシャルの半分はギャラをもらっていないかと思います。当時の電通はギャラをもらうには、半日経理に並ばなきゃいけなかったんです。しかも、バーやレストランの取り立てと一緒に。半日、並んでギャラをもらうくらいなら、別の撮影をしたほうがいいとぼくは思っていました。それぐらい撮影できるのが楽しかったんです。

それは劇場映画をつくり始めてからも同じで、儲けることを目標に映画をつくったことは一度もありません。それでも続けてこられたのは、妻の恭子さんがプロデューサーとしてやりくりしてくれたからです。

「男が映画の製作で金勘定をすると、男の料理と一緒でお金ばかりかける。でも、私がすれば、もっと安い値段でいい素材を使って、栄養分たっぷりの体にも心にもいい映画をつくらせてあげられる」と、自主映画時代はもちろん、商業映画デビュー作の『HOUSE／ハウス』以来、ずっとプロデューサーとして映画づくりを支え続けてくれました。だから、お金の心配をぼくはしたことがないんです。それと、バブル時代にもらった途方もないギャラを恭子さんがずっと貯めておいてくれた。そのお金でずっと映画をつくってこられたんです。

一本映画をつくると、四、五千万円はかかる。最低でも二千万円くらいは自分で持ち出さないとつくれません。映画というのは、誰も金を出してくれませんよ。自分で出すしかない。だからこそ、自分が本当に信じている映画しか撮れないんです。

当時、電通も半分は商売ベースだったんでしょうが、半分は何か新しいことをしたいという気概のある人間もいました。ぼくの約束事は、宣伝部ではなく、商品を開発した人と会うこと。宣伝部と会うと、商品だけど、その商品を開発した人と会うと、作品であり、彼の人生であり、彼自身なんです。それをぼくが映画にする。その商品を開発した人に会って、それに惚れ込めば撮るというのが、ぼくがコマーシャルの仕事を受ける基準でした。

そこだけは絶対に譲れなかったので、ある大阪のお菓子メーカーがつくったカレーのコマーシャル撮影で大げんかになったことがあります。その企業は自社で開発するノウハウがなかったため、カレー屋から職人を一人だけ引き抜いてカレーをつくったんです。しかし、人を一人引き抜いただけで、すぐにおいしいカレーができるものではありません。だから、社長自身が失敗作であるといっていました。それでも、何とか市場に出せるものになったからと、小田桐さんがテレビコマーシャルの仕事を引き受けてきたんです。

そういう現場にお菓子メーカーの宣伝部長が来ました。彼はスタジオに入ると、開口一番「大林さんはコマーシャルの黒澤明監督といわれているそうだね。これは失敗作のうんちみたいなカレーだけど、あんたの腕でいいものに見せてください」といってきたんで、「ぼくは腕のいい監督と思っているけど、うんちみたいなカレーをうまく見せることはできない。自分が惚れ込んだいいものをもっとよく見せる腕は持っている。昨日、カレーを開発した人に会ったけど、本当は三人で開発したいといったのに、ギャラの都合で一人になった。しかも、奥さんが病気でお子さんは登校拒否と、家庭内が大変なときだったけど、引き抜かれた恩義で何とかつくったという話を聞きました。昨日、ぼくも食べて、これなら人に勧められると思ったから撮るんです」と、何とか気持ちを抑えて冷静に話しました。

すると、「まあまあ、そんなお上手をいわずに、ごまかしてつくってくださいよ」といいながら隣にいたキャメラマンを押しのけ、ファインダーを覗き、「ほら、うんちみたいじゃないですか」といったんです。それで、温厚なぼくもつい相手の胸ぐらをつかんで「無礼者、おまえを降ろす！　出ていけ！」といい放ってしまいました。すると、「スポンサーを降ろすのか」と部長さんは怒鳴り返してきたので、「スポンサーだろうと、おれの前にいてほしくない奴は降ろす。すぐに出ていけ！」と命令したんです。部長が「電通さん、どうするんだ」と小田桐さんに詰め寄ると、「大林さんは生涯の友人だと思っている。従って、ここでは大林さんを守り、あなたに降りていただきます」と答えたんです。

当然、その仕事から電通は外されて、すぐさまライバル会社に行きました。当時のお金で三億円くらいの仕事だったと思います。まあ伝説語りの武勇伝（笑）です。

この一件で、小田桐さんは電通の系列の小さな子会社に飛ばされ、ぼくも東京電通と仕事ができなくなってしまったんです。でも、それを待っていたのが大阪電通の人で、「東京で大林さんが暇になったから、大阪に呼ぼう」となりました。今度は大阪電通で仕事をするようになり、そこでの出会いがチャールズ・ブロンソンを使った「う～ん、マンダム！」というう「マンダム」のコマーシャルにつながったんです。

一九七〇年頃になると、日本映画は斜陽産業と呼ばれるようになり、その一方でテレビの隆盛と共にコマーシャルも全盛期になっていきました。当時、映画一本の製作費とコマーシャル一本が同じ。そのため、映画では使えなくなった東宝のスタジオを借りて一日一千万円くらいのセットを組んで、コマーシャルの撮影をしていました。映画じゃ使えないけど、コマーシャルならできると、チャールズ・ブロンソンをはじめ、カーク・ダグラス、デイヴィッド・ニヴンといったハリウッドスターやソフィア・ローレン、カトリーヌ・ドヌーヴといったヨーロッパ映画のスターまで使うようになりました。ぼくの中ではコマーシャルという素材を使って、彼らとハリウッド映画やヨーロッパ映画を撮って遊んでいる感覚でした。

コマーシャルの世界で名が知られるようになると、「日本の映画界も大林さんみたいな人が映画を撮ってくれれば面白くなる」と、映画評論家の淀川長治《よどがわながはる》さんなどがいってくれるようになったんです。さらに、『EMOTION＝伝説の午後・いつか見たドラキュラ』を若い頃に観た人たちが、各企業の責任者になっていて、「大林さんを応援して、日本映画を変えてやろう」と、スポンサーになってくれたり、雑誌やラジオ、テレビなどのメディアを使ってバックアップしてくれたりしました。

それで、一九七七年にぼくの『花筐／HANAGATAMI』ならぬ劇場映画デビュー作『HOUSE／ハウス』が日の目を見ることになったのです。

映画のいらない世界が来るまで

二〇一二年に公開された『この空の花――長岡花火物語』は、ぼくがより素直に戦争に向き合いだした作品です。この映画は新潟県長岡市の空襲とその追悼のための花火に秘められた市民の思いを知ってつくりました。

昔から花火は大好きで、映画にもたびたび登場させてきました。しかし、いわゆる「花火大会」というイベントは好きになれない。というのは、花火に限らず、日本の祭事は本来、古くからの生活や文化に根ざした由来があり、やるべき日時も決まっているものですが、今では開催日を土日にして客集めするイベントになってしまっているからです。そんな歴史や文化を無視したイベントがぼくは大嫌いなんです。

だから、知人から長岡の花火に誘われたとき、最初はびっくりしました。てっきりこうしたイベントは土日にやるものと思って、週末は用事があると断ったら、「今年は水、木曜日。毎年八月一日に始めて、二日、三日とやるんです」といわれたんです。二〇〇九年八月二日、ぼくが行った日の前日は大雨でしたが、「雨の日でもやるんですよ。それはその日でないと意味がないから」と仰る。

昭和二十年八月一日夜十時三十分、アメリカ軍による焼夷弾攻撃が始まり、中心部市街地の約八割が焼失し、長岡市は壊滅状態になりました。その追悼のため、長岡では毎年、その同じ日、同じ時間に花火を上げています。今の日本ではとても珍しいことですが、長岡の花火は追悼の花火という本質を忘れていないんです。

その日、横幅一キロもある信濃川の川縁で恭子さんと二人で花火が始まるのを待っていました。日が傾きだすと、まず黄昏《たそがれ》が訪れました。黄昏なんて、今の東京に暮らしていると味わえません。昔、黄昏は「たそかれ」ともいって、人の姿が誰だかわからなくなる時間帯をそう表現しました。誰《た》そ彼《かれ》、ですね。遊び疲れて家路につく子どもが、黄昏の中で人の姿を見て、人さらいだと思ったら、母ちゃんだったという時間です。自分が限りなく優しくならないと、黄昏は怖いものだという日本人の知恵。黄昏のときは、人に優しい心を持ちなさいよということを教えてくれる。そんなことを思い出していました。

そうするうちに、真っ白い花火が「ぼん」と上がって、しっとりと開いて、すーと消えていく。すると、さっきまで黄昏の空が群青色《ぐんじょう》になっているんです。

「恭子さん、群青色だよな、この空は。群青色は忘れていたな」といったら、もうしばらくすると、「どん」とゆっくり真っ白い花火がもう一つ上がって、また消えていく。あとは漆《しっ》黒《こく》の空に月だけが残っている。

「今度は漆黒になったよ」と話しかけると、恭子さんが「漆黒というのは暗いだけでなく、ちゃんとした色なのね」といったんです。「ここでは花火が消えた後の空の変化までが優しくていいね」と話していたら、恭子さんが「まるで映画みたいな花火ね」と呟きました。

それで、ピンときました。花火が消えた後に心が宿り、その心を見ているからぼくたちは感動するんだと。映画というのはまさにそうで、美しい顔やスタイルやきれいな衣装や景色が出てくるけど、それだけでは誰も感動しません。その風景や人物の心が見えるから感動する。情報には写らない心が見えるのが映画。長岡の花火はそれと同じなんです。

隣にいた森民夫《もりたみお》市長（当時）にぼくが「長岡花火には心がありますね」と冗談半分でいったら、「長岡の花火の心を見てくださいましたか。実はあるんです」と市長さんは長岡花火への思いを語りだしました。

「空襲で両親を亡くしたり、背中の赤ん坊を失ったりした人は、未だに怖くて長岡の花火を見ることができません。じゃあ、なぜそんな怖い花火を上げるかというと、私たちは忘れたい、思い出したくない、なかったことにしたい、でも、それを次に生きる子どもたちに伝えないと、また同じ過ちを犯してしまう。だから、私たちは一番忘れたいことをしっかりと心にとどめておくように、毎年、同じ日、同じ時間に花火を上げるんです」

その話を聞いてとても感動して、これは映画にしなければいけないと、ぼくは長岡の歴史を調べだしました。すると、知らないことばかりです。たとえば新潟市が原子爆弾投下の第一候補地であったことや、その予行演習として全国に四十九個もの模擬原爆が投下され、その一つが長岡であったことなど、恥ずかしいことに知らないことが次々に出てきました。戦後、日本人から戦争の記憶が何もかも忘れ去られてしまっていることを痛感しました。この国の不幸は、誰でも知っているはずの歴史の常識を誰も知らされていないことなんです。

「散開《さんかい》」という言葉もこのときに学びました。火薬を爆発させることです。花火は下から打ち上げて、空で散開して、祈りの花火になるのですが、同じ火薬を上から落とすと、爆弾になってしまう。戦争による爆弾は敵を滅ぼし、経済を生むので、世界は花火より爆弾のほうが多い。しかし、人間に爆弾をつくる力も花火をつくる力も同等にあるならば、爆弾ではなくて、花火をつくる方向に向かおうというのがこの映画のテーマなんです。

そこから連想して思い出したのが、長岡の花火を貼り絵として残した画家の山下清《やましたきよし》の言葉でした。「世界中の爆弾が花火に変わったら、きっとこの世から戦争はなくなるのになあ」という。政治や経済なら爆弾を選ぶけど、表現の世界だけは花火を選ぶ。それが、正気と向き合っている人間の考えなんです。ぼくが正気と向き合い続けていたら、「こんなの映画ではない」と酷評され、その真のテーマを理解されなかった『HOUSE／ハウス』という映画も、『この空の花――長岡花火物語』に結びつき、『花筐／HANAGATAMI』までたどり着いたのです。

そうして長岡の歴史を調べながら一応シナリオができたところで、二〇一一年に「3．11東日本大震災」が起きてしまったんです。震災が起きたときは大分県にいたのですが、映画というジャーナリズムに携わる者としては、すぐに現地に行かなければという思いがまず浮かびました。でも、当時の被災地はまだ大変な状況で、ぼくたちのように劇映画をつくっている人間が、映像を撮りに行くことは許されることではないと思いました。

仮に劇映画でなくドキュメンタリーでも、ぼくたちが撮影に行けば、現地で食べるものは食べなくても、トイレは必ず行きます。トイレの数も足りない中で、亡くなった人が埋まっているかもしれない土地に自分たちの排泄物を流すわけにはいきません。実際、テレビなどの報道の人はスーツの下におむつをはいて、現場からニュースを伝えていたと聞いています。

被災地のことを考えると、ぼくたち劇映画の作家は、今は劇映画やドキュメンタリーを撮るわけにはいかない。ただぼくたちは想像力というものを持っているから、東日本には一歩も立ち入らないけど、想像力を全開にして福島と一緒に過ごしてみようと思ったんです。そこで向かったのが、長岡でした。

長岡は、二〇〇四年に中越大地震があった場所です。その際に全国から多くの支援を受けたことを忘れることなく、その恩返しをするため、東日本大震災では福島からの被災者をいち早く受け入れた地でもあります。だから、そこに住み着いて、長岡市民の意志を見つめながらシナリオを書き直そうと、長岡市の山古志村《やまこしむら》という地震の被害が大きかった場所の旅館に住み着いてシナリオを書き上げました。

長岡でシナリオを書いていたら、岡本喜八《おかもときはち》監督の言葉がよみがえってきたんです。

「戊辰《ぼしん》戦争からやり直さないと、日本の戦争は語れない」

敗戦した八月十五日の一日を描いた映画『日本のいちばん長い日』（一九六七年）を岡本監督が撮ったとき、肝心のポツダム宣言も描けないで、たんに玉音放送音盤の争奪戦というスリルとサスペンス映画に終わってしまった。それで、「あれを撮ってぼくは勉強したけど、日本の戦争を描くなら、戊辰戦争から描かないといけないと痛感しましたよ」と岡本監督は悔やんでいらしたんです。

その言葉の意味が長岡でようやくわかりました。長岡は幕末の戊辰戦争で敗れて、焦土化した町です。つまり、長岡は負けた里。負けた里は、まず人づくりをしなければいけない。だから、「米百俵の精神」になるんです。

戊辰戦争で敗れ、貧乏のどん底だった長岡藩に他藩から届けられた米を、小林虎三郎《こばやしとらさぶろう》という人が「百俵の米も、食えばたちまちなくなるが、教育にあてれば明日の一万、百万俵となる」と、飢えた藩士にはあえて配らず、お金に換えて国漢学校をつくり、しかも当時は身分上、行けなかった庶民の子までも通わせた。まず立派な古里人をつくることから始まったのが、米百俵の精神なんです。

しかし、明治維新以降は、「勝った里」がつくった歴史。勝った里は、勝ったんだから後は物と金があればいい。明治政府はそうやって日本の近代化を進めてきました。勝った者が権力を持ち、政府の要職を占め、世界に向かって国を開き、そのまま日清・日露、第一次世界大戦、日中戦争、そして太平洋戦争へと、勝ったまま世界に進出してしまった。

太平洋戦争の敗戦により、今度は負けた里として、立派な古里人を育てるかと思ったが、戦後はまた日本は物と金ばかりを追い求める国になってしまった。負けた里として何も学ばないで、勝った国のアメリカを真似して、経済的な発展ばかりを追い続けてきたのが、敗戦後の日本人でした。

だから、3.11は、ぼくたちにとって間違った敗戦後の復興のやり直しだと思ったんです。ようやく日本人が日本人らしく再生するときが来た。物と金に狂うのではなく、日本人らしく美しく賢く再生する。そのチャンスをもらったのだとぼくは信じていました。

3.11が起こったすぐ後に、山田洋次《やまだようじ》監督から電話をいただきました。山田さんは『東京家族』というお正月映画のクランクインが間近に迫っていたときでしたが、「そのモチーフとした小津安二郎監督の『東京物語』を改めて見直したら、あれは娘を嫁にやるかやらないか悩んでいる鎌倉文士のごとき穏やかな小津流家族映画などではなく、戦争映画なんですよ。すべてのカットに戦争が写っていることに気がつきました。3.11の前は気がつかなかったな。だから、これからぼくがつくる『東京家族』にもすべてのカットに放射線が写っていないと映画をつくる意味がないので、一年間、撮影を延ばします」といわれました。

松竹のメジャーの監督が、公開が決まっている映画を一年間延ばすのは、大変なことです。予算を取って、スタッフやキャスト、撮影場所を手配して、宣伝をして。そうしたものをすべてなかったことにしてやり直すのは、普通だったら無理です。それでも、そうしなければいけないほど、山田さんには切実な思いがあったのだと察します。山田さんは小津さんが持ち続けた敗戦後の映画監督としての責務に気がつかれたんだと思います。

「どうでもよいことは流行に従い、重大なことは道徳に従い、芸術のことは自分に従う」という言葉を小津さんは残されています。戦争中、小津さんは国の命令で戦意昂揚映画を撮りにシンガポールに行きました。そこまでは従順な大日本帝国のよき国民として小津さんは受け入れたわけです。しかし、現地で「よーい、スタート」といって、フィルムを回すのは自分の世界。そこで、小津さんが選んだのは、何も撮らないという選択でした。つまり、映画を撮るときは自分に従ったわけです。

大島渚《おおしまなぎさ》さんなど戦後に活躍した映画監督の多くは、ずっと小津さんに批判的でした。それは敗戦から高度成長期という時代の中では小津さんが撮る家族映画の真意に気がつかなかったからです。でも、山田さんがいうように、小津さんの映画にはすべて敗戦後の日本の不均衡な、不条理な姿がしっかりと描かれていたんです。

それで、ぼくも3．11を経験した者として、劇映画でもドキュメンタリーでもない新しい映画の形ができないかと山田さんに伝えました。

「映画は発明されて二百年になるけど、未だに二時間内外の劇映画と短篇のドキュメンタリーしかないというのは、とても変ですね。だって、紙と鉛筆があれば、メモも取れるし、手紙も書けるし、日記も書けるし、もちろん小説や詩も書ける。エッセイだって、論文だって、何だって書けるのに、映画は劇映画とドキュメンタリーしかない。今は福島で劇映画もドキュメンタリーも撮れないなら、ぼくはこの目で見たこと、調べたこと、考えたことをすぐに書けるメモとしての、それを発展させたエッセイとしての映画を撮ってみます」

その思いが、『この空の花――長岡花火物語』でエッセイ・ムーヴィーという映画表現の手法につながったんです。

『この空の花――長岡花火物語』では、もう一つぼくは新しい言葉を使いました。それが「シネマゲルニカ」です。ピカソの名作『ゲルニカ』は、彼の古里のゲルニカが第二次世界大戦の終わりにドイツ軍の攻撃で破壊された様子を描いたものです。ピカソはもともと写実派の絵が得意な人で、スペインのピカソ美術館に行って系列的に絵を見れば、写実からキュービズムに移った過程がとてもよくわかります。なぜキュービズムに移ったかといえば、もし幼い子どもに絵を描く力があれば、大人よりもよほど鋭く感じた絵を表現できるだろう、最高のアーチストは未熟であるけど子どもたち、という思いからです。

過去の写実派の絵画のように古里の敗戦を記録で描いたら、「もう見たくない」「思い出したくない」「忘れたい」ということで風化してしまう。忘れたいというのは人間の大切な能力であり、摂理であるけど、アーチストは忘れてしまうことを忘れさせないというのが一番の責務。だから、記録を記憶に変えなければいけません。

記録は風化するけど、記憶は人の心に刻まれる。なぜ風化しないかといえば、記憶はその人なりに変形している。つまり、リアリズムではないけど、嘘であるけど、リアリズム以上の「心のまこと」を持っているんです。「嘘から出たまこと」というリアリティ。映画と同じで、風化をしないのは人の記憶なんです。

ピカソの絵は単純にいえば、横顔に目が二つあるような絵です。だから、大人はそんなことはあり得ない、変だとなってしまう。現実にゲルニカが日本で紹介されたときには、「天下のピカソといっても、幼稚園児よりもヘタくそじゃないか」とさげすまれたものです。たった五十年前の話ですよ。

しかし、もし子どもに絵を描く能力があったら、きっとピカソと同じように描くと思います。母親の横顔はリアルには目は一つだけど、常に自分を見守ってくれている母親の二つの目を子どもの心は感じています。だから、横顔を見ても、子どもなら目を二つ描くでしょう。後ろ姿にさえも母親の目を描くかもしれません。だって、ぼくには母ちゃんの目が二つ見えるもん、というはずです。現実の美術界の評価としてはわかりませんが、子どもの描く絵のほうが正気には近いと思います。

ピカソが横顔に目を二つ描いたおかげで、ゲルニカは人の記憶に刻まれました。もしリアルに描いていたら、忘れたいということで風化してしまったことでしょう。ましてや外つ国《とくに》の日本人にとっては、スペインの小さな里の戦争のことは関係ない。今でも世界中の人がゲルニカの戦争のことを覚えているのは、あの絵があったからです。ピカソのフィロソフィーが風化しなかったのは、子どもの心の赴くがままに絵を描いたからなんです。

それなら、ぼくも横顔に目が二つあるような映画を撮ろうと、シネマゲルニカという発想になったんです。人の心にぐさっと刺さるような戦争の記録ではなく、その里で暮らす人びとの記憶の映画をつくろうと思ったのは、長岡で出会ったことと呼応してくるのです。つまり、戦争で受けた心の傷を忘れたい、思い出したくないと長岡の人たちは思っています。でも、それではまた戦争が起きて、また同じ悲劇を招いてしまう。だから、長岡の人々は辛いけど、焼夷爆弾が落とされた日に、そう、毎年同じ日同じ時間に花火を上げるんです。市長は一人の観光客も来なくてもいい。これは平和への祈りを込めて一発上げればいいといい切っておられます。その長岡のフィロソフィーはピカソのゲルニカも、ぼくが撮った『この空の花——長岡花火物語』も同じなんです。

散開。上から落とした爆弾と下から打ち上げた花火。上から落とすと、落とした人間が得をして経済が潤うけど、下から上げると、お金を使って、祈ることしかできません。人には両方の才能と力があるんです。平和日本の経済は何とこの今も軍需産業で支えられている。だから、日本人の誰一人も平和日本なんていう資格はない。そんなことは世界中の人にとっても常識だけど、常識という言葉は間違って使われているんです。それは常識ではなく、人間の都合にしか過ぎない。人間の都合ばかり考えるから、戦争が起きてしまうんです。『この空の花——長岡花火物語』を南原清隆《なんばらきよたか》君と当時、五歳の息子さんが観に来て、映画を観終わったとたんに、彼の息子さんが「ぼくは今、生きてるの」と聞いてきたんです。戦争で死んだ子どもがよみがえってくる話なので、息子さんにもそういう疑問がわいてきたんでしょう。それで、「生きてるだろう。こうしてお父さんと映画を観て、話をしているじゃないか」と南原君が答えたら、今度は「映画に出ていた一輪車のお姉ちゃんは生きてるの」と聞いてきました。一輪車のお姉ちゃんとは、戦争で亡くなった子が現代の女子高生としてよみがえった姿。だから、生きているか死んでいるかわからない状態です。南原君が「あのお姉ちゃんが大好きで、君が一生覚えていれば、君と一緒に生きてるんだよ」と答えると、「うん、あのお姉ちゃんのこと大好きだし、一生覚えているから、ぼくと一緒に生きてるんだね」と息子さんは納得したそうです。あの映画を理解するには、それで十分じゃないですか。それを大人たちは、どうしてあの映画は難しいとかいうんだろうと思います。

戦争というものが子どもには縁がないだろうと、大人は高をくくっているけど、ぼく自身が戦争中に戦争のことを知りたくて一所懸命だったように、今の子どもも同じなんです。自分も戦争のことを知りたかったけど、誰も教えてくれなかった。それがぼくの大人社会への不信の第一歩。誰も話してくれないけど、自分が感じ取っていることに対して、的確に追求してくる力を子どもは持っています。だから、ぼくの映画の一番の理解者は子どもと思っているんです。

「戦争が廊下の奥に立つてゐた」

これは渡辺白泉《わたなべはくせん》という俳人の句で、戦争中は知りませんでしたが、最近、ぼくの目に届くようになってきました。ということは、世の中がこの句に目をとめるようになったんでしょうね。

これはぼくの四、五歳のときと、まったく同じ感覚なんです。年齢的に人の生死がより切実にわかる頃です。当時は一日、何人も自分が知っている人が死んだという話を周りから聞かされるわけです。隣の鳥屋のおじちゃんが満州で死んだよとか。すると、母方の実家には無人の廊下がたくさんあって、その廊下の光と影との間におじちゃんが立っているんです。にこにこ笑いながら。今度は肺病やみは非国民と責められて、汽車に飛び込んで死んだ、三軒隣のお兄ちゃんが、やはり廊下にふっと立っている。それればかりか、四、五歳のぼくまでが爆弾三勇士になって、大人になったら戦争で死ぬんだとそこにいるんです。

だから、生きている人間と死んでいる人間のけじめがない。なんか気配の中に人々が浮遊していて、ぼくが「生きているね」というと生きているし、「死んじゃっていないんだね」というと、穏やかに頷《うなず》いている。それがぼくの人の生死を見る目なんです。あくまでも生と死は主観なんです。今、ここに両親がいると思えば、います。死んだなあと思えば、死んでいる。後ろを振り返れば、いないけど、後ろの気配を感じれば、いるんです。父親も母親もそういう存在としてぼくの中にずっといつづけています。

それをぼくが映画の中で表現すると、生きている人間のほうが影のようで、死んでしまった人間のほうがはっきりとした意志を持って生きているという表現になってしまう。よくあるホラーの映画では幽霊は鏡に映らないとか影がないとか表現されるけど、ぼくの場合は、お化けこそ鏡に映るし、影もあります。今生きて金儲けしているというおまえのほうが、亡霊みたいじゃないか、というのが、ぼくの映画を通じて人間の表現になってしまったんです。

生と死の区別がないように、平和と戦争も背中合わせなんです。一見、平和に見える日本にも戦争の足音は近づいていて、すでにすぐ後ろにいる。ぼくより二十歳くらい若い監督たちもそれを敏感に感じ取って、ぼくたちの世代ができなかった表現で戦争を描き出しました。手塚治虫《てづかおさむ》さんの息子さんで、映画監督の手塚眞《まこと》さんもその一人です。

「実は大林さんの世代を死ぬほどうらやましく思っていました。大林さんは戦争を知っているから、手にある八ミリで映画を撮ることができた。ぼくたちには八ミリはあるけれど、戦争を知らないから、撮るべき映画がない。だから、大林さんを嫉妬してもいた。でも、今はぼくたちにも戦争がある。ぼくたちは今や戦後ではなく、戦前の人間です。これから始まる戦争がぼくたちの戦争で、そのことを映画にしようと思ったら、ようやく撮るべき映画が見つかりました」とぼくに話してくれました。

映画を撮るにはテーマがなければいけない。これは重要な言葉です。ぼくたちの世代にとって、その重要なテーマであった戦争について何も伝えられてこなかったという反省の気持ちで今はいっぱいです。それでも、3．11の後、これで間違った敗戦後の復興のやり直しができる、そのチャンスをもらったと、ぼくは信じていました。

ところが、どうでしょう。もうすでに日本人は3．11さえ忘れようとしています。そんな日本だからこそ、ぼくは『花筐／HANAGATAMI』を撮らなければならなかったし、逆にいえば、そんな日本の現在のありように撮らせてもらったんです。だから、ぼくがつくった映画とは思えない。『花筐／HANAGATAMI』に従属させてもらっているといえるかもしれません。この時代に生まれた『花筐／HANAGATAMI』に、たまたま映画作家としてくっついている存在がぼくなんです。

撮影前に余命半年の宣告を受けた映画作家が『花筐／HANAGATAMI』を撮り終え、完成後にがんで死ぬ。映画的にいえば、そのほうがきれいにつじつまが合うのかもしれませんけど、これが世の中の矛盾というか不条理というか、がんでは死ねなくて、しかも放射線治療という被曝のおかげで生きているわけです、何と広島の子がね。ならば、原子爆弾とまともに向き合うしかない我が命かな、という心境です。

映画は歴史を変えることはできないかもしれないけど、未来の歴史を変える力はあるかもしれない。それが映画をつくり続ける理由です。そして、少しは未来の歴史を変える力になってきたかという手応えを感じているのが今なんです。つまり、四十年前には『花筐／HANAGATAMI』には誰も目を向けない。手を貸さない。つくっても誰も見てくれない。そんな状況でした。でも、映画とは時代と共に風化しないジャーナリズムだと信じる気持ちが、映画とつき合ってきたぼくの四十年をつなぎ止めてくれました。そして今、よくも悪くも『花筐／HANAGATAMI』は旬を迎えました。

僕一人の力ではどうにもならないだろうけど、手塚眞君や犬童一心《いぬどういっしん》君、岩井俊二《いわいしゅんじ》君、塚本《つかもと》晋也《しんや》君など、若手監督たちが引き継いでくれれば、いつかできるだろうと思います。ぼくも黒澤明さんの続きをやってきたのです。

黒澤さんとは映画『夢』のメイキングを依頼されたご縁で、晩年、とても仲良くしていただきました。ある日、黒澤さんが「大林君、君はいくつだ」と聞かれたので、「五十歳です」と答えたら、こうおっしゃいました。

「映画には必ず世界を救う力と美しさがある。でも、それを実現するには四百年はかかる。

俺はもう八十歳で、人生が足りない。君は五十歳なら、俺よりもう少し先に行けるだろう。君が無理だったら、君の子どもたちの世代、さらにそれがダメだったら孫たちの世代が、少しずつ俺の先の映画をつくってほしい。そして、いつか俺の四百年先の映画をつくってくれたら、そのときにはきっと映画の力で世界から戦争がなくなっている」

黒澤さんの戦争の歴史と、ぼくの戦争の歴史と、手塚君たちの戦争を知らない世代の戦争の歴史とが、今ようやく結びついて、ぼくの過去を語ることが未来の戦争をなくす力になるんじゃないかとやっと思えてきました。ぼくは過去の戦争をきちんとよみがえらせるから、その記憶を元に戦争なんかない未来をつくってくれよという思いを若い世代に託して。

ぼくが子どもの頃に見てきたハリウッド映画は、あらゆるジャンルを描いているけど、常に一つのテーマがありました。それはハッピーエンド。映画が育てた最高のフィロソフィーが「ハッピーエンド」だと思っています。

映画は第一次世界大戦と第二次世界大戦と共に育ち、洗練されてきたメディアです。そもそもエジソンがニッケルオデオンという動く写真の機械をつくったときに、アメリカ国内で、つまり東部にトラストができて、ユダヤ系の人たちを阻害してきたという映画の歴史があります。排除されたユダヤ系の人たちはアメリカ大陸を横断し、当時雨一つ降らなかった西海岸のハリウッドに居を構えました。そのため、今でもハリウッドは八割がユダヤ系の人です。そこにさらに集まってきたのが、世界中の敗戦国の人たち。第二次世界大戦が起き、国が滅ぼされ、ホロコーストで別れ別れとなり、家族が亡くなり、自分もさすらい人になり、ハリウッドに流れ着き、この新天地なら自分たちの憧れる穏やかな生活ができる、その夢を映画で実現させようとしたのがハリウッドなんです。

つまり、ハリウッド映画をつくった人たちは、本当は世界がアンハッピーだということを身に染みて体験しているけど、アンハッピーという現実を認めてしまうと、人類には夢も希望もないから、平和というのは大嘘だけど、未だに実現されていない大嘘だけど、その嘘を信じてみようじゃないかと思ったのです。みんなが信じていれば、ひょっとすると、「心のまこと」として実現する時代が来るかもしれない。「心のまこと」になれば、人間のことだから、世界から戦争をなくす力にもなっていくんじゃないか。権力者たちは金銭を重んじるから無理だけど、少数者の弱者である庶民一人ひとりが結束して信じれば、平和も実現するかもしれない。それがハッピーエンドの思想なんです。戦争で傷つくだけ傷ついた、騙されるだけ騙された人たちだからこそ、すがるように祈るように生み出したフィロソフィーなんです。

うちの父親は「もし地球に戦争がなくて、誰も怪我しなくて、病気もなかったら、医師なんかいらんだろう。医者のいらない世界こそが平和なんだ。お父さんは、そういう世界をつくるために、医学の道に励んでいる」とよくいっていました。

映画も同じなんです。もし世界が平和で、空気がきれいで、家族がみんな健康なら、みんなで手をつなぎ芝生の上に寝そべって、明るい太陽の下、青い空を眺め、きれいな空気をいっぱい吸って、お互いに手をつなぎ合って過ごせるわけです。そうしたら、映画なんか見る必要は何もない。映画なんかいらない時代が、本当は幸せなんです。そういう時代が来るまで、残念ながら、映画を使って、映画なんかいらない幸せな世界が来るまで、映画と一緒に生きてみようというのが、ぼくと映画との今の関係です。

先日、検査で病院に行ったときに、お医者さまに質問したんです。「もし十代の頃から検査をして、それに対応する治療をしながら生きてきたら、人間はどこまで生きていけるんでしょうね」と。そしたら「それは無理です。人間は歳と共に病気になります。監督が七十九歳でがんになったのは、それが理であって、十歳のときに検査をしても肺がんとは出会えません」という答えでした。順彦《のぶひこ》先生の人間学、やはり医《い》は仁術《じんじゅつ》ですね。

それを聞いて、とても納得しました。病気と一緒で、八十歳まで映画をつくってきたからこそ、わかってきたことと見えてきたものがあります。この八十歳の映画は二十歳ではつくれない。じゃあ、これからは八十一歳の、九十歳の、百歳の映画をつくろうと思っています。百歳の映画はまだぼくにはつくれないから、百歳まで生きてつくろうという人生設計に変わってきています。

「マヌケ先生」のモデルとなった祖父が、戦争が終わってしばらくしたある日、「人間が発明した履き物で、下駄と靴とどっちがよい履き物だと思う？」と聞いてきました。

もちろん「靴」とぼくは答えました。

「確かに戦争に勝つには靴のほうがいい。アメリカ人やイギリス人は靴を履いて、荒野を駆け巡り、戦争に勝った。日本人はボロボロの靴か裸足だった。これでは戦争に勝てない。しかし、もう戦争は終わった。これからは平和の時代で、おまえら子どもは平和の時代をつくらなければいけない。平和の時代というのは、人間同士が戦争で殺し合わないだけでなく、道を歩いていて蟻も踏まないというのが平和なんだ。例えば、靴を履いて道を歩いて、蟻が十四いたら、八匹くらい踏むかもしれんなあ。でも、下駄は転びやすいから、地面をよく見て歩く。だから、蟻がいたら、よけて歩くだろう。しかも、二本歯だから、自然と避けて、命が助かる蟻もいる。平和のためには、急ぎ足の靴よりもゆっくり歩く下駄のほうが役に立つ。そういう下駄を発明して、日常的に使ってきた日本人は、本来、蟻とも仲良くできる平和な民族だということをおまえは学ぶべきだ」と話してくれました。

以来、ぼくは学校でも仕事でもずっと下駄を履いていました。現場では蟻を踏まないぞと決めていたから、冬場も下駄履きで過ごしていました。そのおかげで、丈夫な体に育ったのだと思います。

蟻を踏みつぶさないのだから、これからはがん細胞とも共存していくつもりです。ぼくはがんの宿主だから、いつもがんと話しているんです。

「おい、がん公よ、おまえはおれの血液や筋肉を食っていい思いをしているけど、おまえはバカだぞ。おまえがあまり贅沢をしていると、宿主のおれが死んじゃうぞ。そうしたら、おまえも死ぬんだぞ。そこまで考えろよ。おまえが考えてくれれば、おれもおまえを労《いたわ》って、おいつまでも一緒に長生きしてやるからな」と。

でも、そう考えると、待てよ、ぼく自身もがん細胞じゃないですか。ぼくもいいものを食いたくて、地球上の生物を食い荒らしまくっている。エアコンを使ったり、ジェット機を飛ばしたりして、地球の温暖化を引き起こしている。そうしたぼくたちの我がままが宿主たる宇宙や自然界や地球を破壊して、結果として地球人である人間を滅ぼすことになる。ぼく自身も賢くなって、我慢して、宿主の地球と共存しなければいけない。地球に優しくしないと、人類が滅亡するぞということまで見えてくるわけです。

二〇一六年の八月二十四日以来、ぼくは蚊一匹殺していません。腕に蚊が止まっても、この広い地球で縁があったんだから、俺の血でよければ、精いっぱい飲んでくれという気持ちに変わりました。道を歩いていても、草一つ踏まなくなりました。これまでも蟻は踏まないけど、さすがに草は踏んでいましたから。でも、今は草も同じ命で話しかけてくるんです。すべての地球の生物に対して同じ命であるという目で見ることになったのは、表現者としてはすばらしい才能をもらいました。そういうことが『花筐／HANAGATAMI』にも宿っているはずです。

だから、がんになった今の心境を一言でいえば、「がんよ、ありがとう」。

八十歳の新人にして、ようやくここまでたどり着いたんです。このフィロソフィーを育てていくのに何年かかるかわかりませんが、今はがんと共存しながら、時代と共に風化しないジャーナリズムとしての映画を使って、どんなものを表現できるか楽しんでゆこうと決意しております。ぼくもまだまだ、これからの老人（笑）ですから。

〈もうじき死んじゃう大人には関係なくても、未来はぼくたちがくらす場所です。ぼくらの家族やともだちを、どうか恐ろしい目に合わせないでください。センソウのことよおく教えてくださいね。大林のおじいちゃん。〉……全国の小学生諸君から届いた映画の感想文の一部です。

この子らの正気と、あの狂気の時代を生きた老人の僕に、正直に立ち向う勇気があるか、僕よ!!　(80歳の記)

2018.10.18.　大林宣彦

略歴

一九三八年　〇歳　一月九日、広島県尾道市で医者の父義彦・母千秋の長男として生まれる。一歳のとき父が軍医として出征、高校卒業まで母方の実家で暮らす。

一九四五年　七歳　祖父の蔵で見つけた映写機で、祖父をモデルにしたアニメーション映画『マヌケ先生』を制作。

一九五六年　一八歳　尾道北高校を卒業後、上京。一年の浪人生活を送り、翌五七年成城大学文芸学部に入学。のちに妻となる恭子に出会い、八ミリカメラで恭子らと『だんだんこ』など自主制作映画撮影を始める。

一九六〇年　二二歳　成城大学中退。高林陽一、飯村隆彦と、商店街や温泉旅館のコマーシャル制作を行う。

一九六四年　二六歳　「フィルム・アンデパンダン」展への十六ミリフィルム『complexe=微熱の玻璃あるいは悲しい饒舌ワルツに乗って葬列の散歩道』を出展をきっかけに、ＣＭディレクターとしての活動を本格的に開始。娘・千茱萸が生まれる。

一九七〇年　三二歳　ハリウッド俳優チャールズ・ブロンソンを起用し、化粧品「マンダム」のコマーシャルを制作。「う〜ん、マンダム！」が流行語となる。

一九七四年　三六歳　三浦友和・山口百恵の初共演となったグリコのコマーシャルを制作。以後、二人を起用したＣＭを多数制作。

一九七七年　三九歳　『HOUSE／ハウス』（大林千茱萸原案）で商業映画に進出。大きな話題となり、ブルーリボン賞新人賞を受賞。

一九八二年　四四歳　地元・尾道を舞台にした『転校生』（山中恒原作）公開。同じく尾道を舞台にした『時をかける少女』

（八三年、筒井康隆原作）、『さびしんぼう』（八五年、山中恒原作）とともに「尾道三部作」と称される。

一九八八年　五〇歳　『異人たちとの夏』（山田太一原作）で毎日映画コンクール監督賞受賞。

一九八九年　五一歳　『北京的西瓜』で山路ふみ子監督賞受賞。

一九九一年　五三歳　再び尾道を舞台にした『ふたり』（赤川次郎原作）でアメリカ・ファンタスティックサターン賞受賞。『あした』（九五年、赤川次郎原作）、『あの、夏の日』（九九年、山中恒原作）とともに「新尾道三部作」と称される。

一九九二年　五四歳　『青春デンデケデケデケ』（芦原すなお原作）で文化庁優秀映画作品賞受賞。

一九九八年　六〇歳　『SADA～戯作・阿部定の生涯』でベルリン国際映画祭国際批評家連盟賞受賞。

二〇〇四年　六六歳　『理由』（宮部みゆき原作）で日本映画批評家大賞・監督賞、藤本賞奨励賞受賞。

二〇一一年　七三歳　東日本大震災を受け、〇四年に新潟県中越地震が起きた新潟県長岡市を舞台に『この空の花――長岡花火物語』制作。

二〇一三年　七五歳　『この空の花』少年少女版として、AKB48のPV『So long！THE MOVIE』制作。

二〇一四年　七六歳　北海道芦別市を舞台に戦争をテーマにした『野のなななのか』公開。

二〇一六年　七八歳　『花筐／HANAGATAMI』ロケ地の佐賀県唐津市でステージ4の肺がんと診断、余命半年を宣告される。抗がん剤治療と並行しながら撮影を進める。

二〇一七年　七九歳　『花筐／HANAGATAMI』（檀一雄原作）公開。キネマ旬報監督賞、毎日映画コンクール日本映画大賞、日本映画ペンクラブ賞など受賞多数。『この空の花』『野のなななのか』とあわせて「戦争三部作」と称される。

二〇一八年　八〇歳　戦争と広島の原爆をテーマにした新作『海辺の映画館――キネマの玉手箱』制作中。

のこす言葉 KOKORO BOOKLET

大林宣彦 戦争などいらない - 未来を紡ぐ映画を

発行日――2018年11月9日 初版第1刷発行
著者――大林宣彦
編・構成――宇井洋
発行者――下中美都
発行所――株式会社平凡社
〒101-0051 東京都千代田区神田神保町3-29
電話 03-3230-6583〔編集〕
03-3230-6573〔営業〕
振替 00180-0-29639
印刷・製本――シナノ書籍印刷株式会社
写真――橋本裕貴
装幀――重実生哉

ISBN978-4-582-74115-5
NDC分類番号914.6 B6変型判（17.6cm） 総ページ112
平凡社ホームページ http://www.heibonsha.co.jp/